緣起日本

蔣介石 的 青年時代 （二）

Japanese Influence: The Young Chiang Kai-Shek

- Section II -

黃自進　蘇聖雄／主編

編輯説明

一、本書收錄蔣介石青年時期（20-30歲）在日本學習
　　軍事及從事革命運動的史料，由於其赴日係屬公費
　　留學，本書亦收入清廷派遣學生赴日及日方回應之
　　相關史料，以明蔣赴日之背景。

二、本書史料多為日文，典藏於日本各有關圖書館或檔
　　案館，如國會圖書館、外務省外交史料館、防衛廳
　　防衛研究所圖書館、東洋文庫、國立教育研究所教
　　育書館等。主編獲財團法人中正文教基金會之助，
　　經兩年多時間蒐集、整理、翻譯，曾出版《蔣中正
　　先生留日學習實錄》（黃自進主編，臺北：財團法
　　人中正文教基金會，2001），惟流通不廣。本次將
　　相關史料重行編排整理，譯文全面校訂，並且加上
　　蔣介石在日從事革命運動之史料，增補重新出版。

三、本書紀年依據原檔不同脈絡，使用清朝、民國、日
　　本或西元紀年，惟標題一律採用西元紀年，後附紀
　　年對照表供讀者比照參閱。

四、日本軍隊將「軍官」稱作「士官」，與中國軍隊
　　的「士官」（日軍稱作「下士官」）不同。為免混
　　淆，不另翻譯，後附對照表供讀者參考。

五、■表示難以辨識之字；〔〕係註記原文錯漏或編者
　　說明。

六、為便利閱讀，本書以現行通用字取代古字、罕用字、簡字等，並另加現行標點符號。

七、所收錄資料原為豎排文字，本書改為橫排，惟原文中提及「如左」（即如後）等文字皆不予更動。

八、本書涉及之人、事、時、地、物紛雜，雖經多方審校，舛誤謬漏之處仍在所難免，務祈方家不吝指正。

中日紀元對照表

西元	日本年號	中國年號	歲次
1894	明治 27	光緒 20	甲午
1895	明治 28	光緒 21	乙未
1896	明治 29	光緒 22	丙申
1897	明治 30	光緒 23	丁酉
1898	明治 31	光緒 24	戊戌
1899	明治 32	光緒 25	己亥
1900	明治 33	光緒 26	庚子
1901	明治 34	光緒 27	辛丑
1902	明治 35	光緒 28	壬寅
1903	明治 36	光緒 29	癸卯
1904	明治 37	光緒 30	甲辰
1905	明治 38	光緒 31	乙巳
1906	明治 39	光緒 32	丙午
1907	明治 40	光緒 33	丁未
1908	明治 41	光緒 34	戊申
1909	明治 42	宣統元	己酉
1910	明治 43	宣統 2	庚戌
1911	明治 44	宣統 3	辛亥
1912	大正元	民國元	壬子
1913	大正 2	民國 2	癸丑
1914	大正 3	民國 3	甲寅
1915	大正 4	民國 4	乙卯
1916	大正 5	民國 5	丙辰

中日陸軍軍階對照表

日本帝國		中華民國		清帝國晚期		
官等	官階	官等	官階	等級	品級	官名
將官	大將	將官	上將	上等第一級	從一品	正都統
	中將		中將	上等第二級	正二品	副都統
	少將		少將	上等第三級	從二品	協都統
佐官	大佐	校官	上校	中等第一級	正三品	正參領
	中佐		中校	中等第二級	從三品	副參領
	少佐		少校	中等第三級	正四品	協參領
尉官	大尉	尉官	上尉	次等第一級	正五品	正軍校
	中尉		中尉	次等第二級	正六品	副軍校
	少尉		少尉	次等第三級	正七品	協軍校
准士官	准尉			額外軍官	正八品	司務長
下士官	曹長	士官	士官長 上士	軍士	從八品	上士
	軍曹		中士		正九品	中士
	伍長		下士		從九品	下士
兵	兵長					
	上等兵	士兵	上等兵			
	一等兵		一等兵			
	二等兵		二等兵			

目錄

貳、振武學校相關史料

二、振武學校校規

振武學校校規（附齋房條規）

日本財團法人東洋文庫藏

第一章　宗旨

第一條　本校係為清國留學生之將來願充武員者而設，
　　　　以豫備教育即日本語文及普通學科，令其後來
　　　　升進陸軍士官學校或陸軍戶山學校為旨。

第二章　肄業年限

第二條　肄業年限定為一年三個月。

第三條　肄業年限分為三學期，而每學期定為五個月。

第三章　放假日

第四條　放課之期開明於左。

　　　　每星期

　　　　人祭祝日

　　　　清國萬壽節及陰曆元日

　　　　夏季　自陽曆八月初一日起至八月三十一日止

　　　　冬季　自陽曆十二月二十八日起至次年一月初
　　　　　　　四日止

　　　　此外遇有另行歇課，隨時牌示。

第四章　學科課程

第五條　學科課目及課授回數開左。

課程概要

日本語　三百回

　　　　先授日本語之組織，次授實用之語，務圖語文
　　　　之互相聯絡，再授細密語法，以期談話作文均
　　　　得合法。

日本文　貳百貳拾貳回

　　　　自日文教程第壹篇起逐次課授，並令由語譯文，
　　　　由文〔原件邊緣切字〕譯，以圖語文之聯絡，
　　　　藉令通曉語文之關係及其譯法，一俟教至第四
　　　　篇，加授由漢文譯日文之法，以資講究作文。

算數　　一百八拾貳回

　　　　授以總論、整數、小數、諸等數之概要理論及
　　　　各算法，數之性質大要，比及比例之諸法，開
　　　　平開立、循環小數大要，專令熟悉實用之算法
　　　　為主。至於理論之較深者，姑且不授。

代數　　一百四拾七回

　　　　自代數之總論，整式之各算法，一次方程式、
　　　　因數分解、倍數、約數、分數等起，至一元二
　　　　次方程式及其性質，聯立二次方程式、高次方
　　　　程式為止，均行課授。並隨時設題，藉令運用
　　　　其法，以圖通曉各理論與法則之活用。

幾何學　一百拾回

　　　　平面幾何則自總論起，至直線、多角形、圓之
　　　　各論，比及比例之概要，面積之各論為止，
　　　　均行課授，並令講解淺近問題，以期通曉活用
　　　　之法。

立體幾何則自直線與平面相關之各論起，至平面與平面相關之各論，多面體各論，多面體之體積及球為止，均授概要。

三角法　四拾七回

算角法，三角函數，恆等式之證明，直三角形之解法及任意所設之角之三角函數，二角之三角函數，倍角之三角函數，對數之性質及淺近之實用問題解法，均行課授。

地理地文　貳拾八回

專令通曉全球地理上淺近之事為旨，首重人文地理，即以大清帝國為中心，略述各國關係之事。而地文則教以地球星學概要，及地球表面變態之狀，務令通曉自然現象與人文發達之關係為主。

歷史　貳拾參回

東洋史則以支那史為中心，首重關係外國事項，殊將近代史詳細講授。西洋史則教以各國歷代緊要事項，略述諸民族及列國之盛衰興亡，文明發達之情形，務令留心西力東侵之事蹟。

生理衛生　參拾貳回

教以人身之生理及衛生，惟生理，祇教大要，衛生較深，並將臨急治法教授。而教授之法，均用實物模範講明，以便易於通曉。

化學　五拾參回

先教物質變化、元素、化合物化學式等，再教化學各論之概要。而教授之法，隨時徵之實

驗，以明理論，藉資實用。

物理　七拾壹回

先教理化學之為何，再教力學、熱學、電氣學、磁氣學等，隨時徵之實驗，將其理論或法則之正確無錯，令其了然於心。並圖養成推擴其理，用之實地之能力。

圖畫

畫學教以鉛筆畫，先就《中等臨畫》（書名），令畫簡易器具等件，逐漸臨畫緻密之物。俟有長進，方令模畫簡易實物，圖學專授幾何畫法。

典令教範　一百六拾五回

授以體操教範之一班及劍術教範之全體，並授《步兵操典》（中隊教練為止）、《要務令》（第五篇行軍之條為止），而教授之法，先教訓讀，再行講授概要旨義。

體操　貳百七拾八回

教以柔軟體操之全體，器械體操之基本，尋常及高等之一班，並教步兵教練（各個教練、分隊教練、小隊教練）、銃劍術之基本。

掌課回數自屬豫定，未免有時或增或減。

第五章　考試

第六條　考試分為三種，即月考、期考、大考是也，每試評定優劣，記注分數，藉令學生各自反省，以資奮勵。

第七條　各種考試所得分數外，再將各生平素禮貌品行

亦評定分數，一併合算，以定名次，而資激勵。

第八條　或有疾病或有不得已之事，屆期實難應試者，由學生監酌情辦理再定日期，另行考試亦可。

第六章　進學及退學

第九條　願進本校之學生資格，年在十六歲以上，而備有堪修本校所定學科課程之學力者，方為及格。

第十條　願進本校肄業者，開具入學願書，及左開各項文件，請由清國政府所派駐京留學生總監督，一併轉呈監理清國學生委員長查閱候示。

一、清國各省有責任官員之咨文。

二、駐京留學生總監之保結。

三、學生東渡前後之履歷。

入學願書及保結、履歷等本校備有印就款式隨時來校請領填寫。

第十一條　監理清國學生委員長接收入學願書時，先定日期，飭令醫員查驗該生體質果否及格，以定准否。其及格者進學日期，知會駐京留學生總監督轉達該生，以便進學。

第十二條　退學分為二，命令退學、依願退學是也。

第十三條　命令退學者，即將該生勒令退學之謂，須由學生監將其情節稟請監理清國學生委員長裁奪，方行斥退。

第十四條　依願退學者，即准其告退令其退學之謂，如學生遇有不得已之事情願退學者，即將事由詳細開具，並將曾行咨送之各該有責任官員之咨請退學文憑，請由駐京留學生

總監督轉呈監理委員長查閱候示。

第七章　學費

第十五條　　所有學費，每年每名，定為日幣參百圓。學生進學時，先將三個月分以上之學費，經由駐京總監督送呈監理委員長查收。嗣後，每名每月貳拾五圓，限月之二十五日完納為要。

第十六條　　半途退學者之學費按日核算，如有剩餘，自應還付。

第八章　賞罰

第十七條　　一學期間，常列優等、品行端正者，酌給褒賞，以示鼓勵。而褒賞分為賞單、賞品二種。

第十八條　　不遵訓誨、違背學規者，酌情懲辦，以肅學規。

第十九條　　懲戒之法分為四種。

懲戒之法分為四種。

譴責、罰座、禁足、退學

譴責：責其非性，以儆將來。

罰座：在講堂內另設一座，令其就坐。

禁足：禁止出門。

退學：勒令退學，並將情由知會曾行咨送或保送者。

第二十條　　受罰座、禁足之處分者，期滿時即由舍監率至學生監面前令其謝罪，並誓悛改。

第九章　職員

第二十一條　本校設置左開職員〔原件邊緣切字〕。

學生監	壹員	舍監	若干員
教頭	壹員	教習	若干員
醫員	若干員	醫務副手	若干員
司計	若干員	司計副手	若干員
書記	若干員		

學生監：總理應辦一切校務，督率職員，兼任訓育學生之責；舍監承學生監之命，整頓校內，監察學生勤惰，兼任辦理庶務。

教頭：襄助學生監，監督學生，訂定課程，兼任教授。

教習：承教頭之命，專任教授。

醫員：承學生監之命，掌管診視醫療之事，兼辦校內一切衛生事宜。

司計：承學生監之命，掌管一切收支事務。

副手：承各該專任員之命，幫理各該事務。

書記：承舍監之命，幫理庶務。

附規

第二十二條　齋房規條，另有所定。

齋房條規

第一章　班長

第一條　所有學生分為數班，每班設置班長一名。

第二條　班長由各該班學生內公舉二名，稟請學生監批定一名。

第三條　班長之任期定以一學期為限，有時或令限滿續充亦可。

第四條　班長承學生監及舍監之命，約束各該班內學
　　　　生，其應辦事項概要如左。

　　　　一、維持班內風紀，留意衛生事宜。

　　　　二、轉達所有命令告示，並監察各生是否遵行。

　　　　三、代領或貸或給物件頒給各生。

　　　　四、保管或貸或班內所備物件。

　　　　五、班內物件遇有破壞，隨時稟辦。

　　　　六、遞呈班內各生所有上達文件。

　　　　七、班內各生應行事宜，隨時指示，並行監察。

　　　　八、每夜按照所定時刻，飭令班內學生齊集先
　　　　　　行點名，以備值班舍監屆時查驗。

第二章　講堂及其餘各場所

第一、講堂

第五條　受課時必須容儀端正為要，每值教習上堂下
　　　　堂，均行立正行禮，此外非有教習之命，無庸
　　　　行禮。

第六條　不許擅自換座。

第七條　在講堂所用物件，除筆墨紙張外，非有教習允
　　　　准，不得擅自攜帶書籍等類。

第八條　蒙由醫員診視，允穿外套者，須將請由稟明教
　　　　習〔原件邊緣切字〕

第二、自習室

第九條　自習時刻隨時牌示，以便遵守。

第十條　自習時必須默讀，不許發聲。關于學科，彼此
　　　　質疑，雖屬無妨，惟務必低聲，無與別人相碍
　　　　為要。

第十一條　室內裝飾雖允各隨其便，亦須留意風紀，
　　　　　以及整頓一切，不得雜亂無章。

第十二條　室內務須按照左開各項整頓為要。

　　　　　一、書籍等件安排架上務須整齊，惟無資
　　　　　　　參考之書，雖屬自有，不得收藏。

　　　　　二、硯盒無用時必須蓋上，端置桌上右邊，
　　　　　　　不可斜歪。

　　　　　三、紙張及繪畫器具等件，必須收藏桌
　　　　　　　抽內。

　　　　　四、上講堂及出門或就寢時，須將桌上
　　　　　　　收拾潔淨，並將椅凳挪置桌下。

　　　　　五、帽子、手巾、掃箒、撢子、蠟台等
　　　　　　　件，必須安置所定處所。

　　　　　六、帽架不得妄掛他物。

　　　　　七、字紙簍不得投入他物。

第十三條　每室設置值班，令其辦理左開事項。

　　　　　一、每日早餐前，將必將各自室內打掃
　　　　　　　潔淨。

　　　　　二、整頓公同所用物件。

　　　　　三、聽有息燈號音時，細查室內火燭息
　　　　　　　否，並將室門鎖上。

第三、寢室

第十四條　每晨聞有起床號音時，急速離床，照制裝
　　　　　扮，並將寢具按式整頓。

第十五條　起床後非有就寢號音，不得擅自〔原件邊
　　　　　緣切字〕，不得互相攪擾安眠。

第十六條　每室設置值班，令其早餐前打掃室內。

第四、膳堂

第十七條　每日三餐自有號音，早餐及午餐須以半點
鐘內食畢，惟晚准一點鐘內食畢。

第十八條　食飯時不妨彼此間談，惟不得喧嘩雜亂。

第十九條　飯桌各自留心，務須潔淨為要。

第五、澡堂

第二十條　每日設有湯浴以備洗澡，惟有時或改。

第二十一條　洗澡時刻當隨時在澡堂內牌示。

第二十二條　洗澡時務須靜肅，不得喧嘩雜亂。

第二十三條　患有皮膚病等傳染於人之病者，務須各自
謙讓，盡後洗澡為要。

第六、盥嗽所及洗物處

第二十四條　臉盆必須安置示定處所，嚴禁洗滌污穢
物件。

第二十五條　衣物等件洗完時，必於示定處所晒乾，遇
有雨雪之日，懸于所備釘子上晒乾亦可。

第二十六條　所有須洗物件，受課時內不許浸置。

第七、飲茶所

第二十七條　流水盤上漱口或用杓喝水等事，一概禁止。

第二十八條　所備器具各自留心，不可污毀。

第二十九條　喝牛奶者，須用自己茶碗，不可亂用。其
空瓶必須安置示定處所。

第八、敘話室

第三十條　敘話室除受課自習時刻外，均可來此敘
話，惟自起床時起，至有就床號音為止。

第三十一條　在室內可用茶點，惟飲酒或涉喧嘩等事一
　　　　　　概禁止。

第九、會客所

第三十二條　會客除特別事由外，非日課畢時，一概
　　　　　　不准。

第三十三條　會客須在會客所，若引入別室或令住宿，
　　　　　　一概嚴禁。

第三十四條　欲令來客縱觀校內者，先行稟請舍監允准
　　　　　　為要。

第十、養病所

第三十五條　非有醫員允准，不得擅進。

第三十六條　功課時間外，情願看護病人者，稟請醫員
　　　　　　允准為要。

第十一、廁房

第三十七條　遇有下痢之患者，即速稟報舍監候示，不
　　　　　　可遲悞。

第三十八條　廁房內各須留心，不可污穢。

第三章　打掃

第三十九條　除每早打掃外，每值星期六所有學生協同
　　　　　　打掃，即將地板、壁櫥、窗戶玻璃等均行
　　　　　　擦淨，並將寢具晒于日光之下以期潔淨而
　　　　　　重衛生。

第四十條　　星期六打掃已完時，須由各該班長報請舍
　　　　　　監臨驗為要。

第四章　出門、在外、住宿、回國

第四十一條　出門時限隨時牌示，以便遵守。惟平常歇

　　　　　　　課日則早餐後起，星期三則完課後起，均
　　　　　　　以晚餐時刻為限。

第四十二條　每星期六打掃告完時，由學生監酌看情形
　　　　　　　允准出門，惟晚餐時必須回校為要。

第四十三條　遇有不得已之事故，於前條所定時刻外。
　　　　　　　〔原件邊緣切字〕將事由稟明舍監，俟有
　　　　　　　允准，方可出門。

第四十四條　遇有不得已之事故，情願在外住宿者，先將
　　　　　　　事由及其所欲住宿之家係在某區某町某番地
　　　　　　　某姓名等事詳細開明，請由班長轉請舍監
　　　　　　　允准為要。若出門之後突有事故，未暇稟
　　　　　　　准在外住宿者。次日須將總監督或各本省
　　　　　　　所派監督之文憑呈交舍監，以備查閱。

第四十五條　因病歇課者，非有允准，不得出門。

第四十六條　凡欲出門者，須赴舍監處請領假牌，交給
　　　　　　　門役為憑。回校時，再由門役取回，呈繳
　　　　　　　舍監。

第四十七條　攜帶物件出門者，先赴辦事處請領憑單，
　　　　　　　交給門役為憑方可。

第四十八條　凡欲請暇回國者，除有左開事項外，非有
　　　　　　　特別事由，一概不准。
　　　　　　　一、由督撫咨調回國時。
　　　　　　　一、遇有疾病一時難癒時。
　　　　　　　一、父母病重或逝世時。

第四十九第〔條〕遇有前條所開事故者，即將事由詳
　　　　　　　細開具，請由總監督轉請監理委員長核准

為要。

第五章　服裝

第五十條　　學生裝扮，務須齊整潔淨。從起床至就寢時，必應照制裝扮為要。

第五十一條　在講堂自習室及膳堂等時，不得戴帽，又非有允准，不得擅穿外套。

第五十二條　夏冬換衣之期，應由學生監定期示遵。

第六章　病人

第五十三條　有疾病者，報明班長轉稟舍監，聽候醫員診視為要。

第五十四條　因有疾病，飲食、起居實難照章遵行者，令其移居養病所，以便靜養。

第五十五條　有疾病者，所有一切衛生、吃藥、飲食，以及洗澡、間步等事，必須遵聽醫員指示，不得違背。

第七章　雜規

第五十六條　公眾之集會、宴會，以及演說等處，非有允准，不得擅往。

第五十七條　有碍治安之文書及曠惧學業，紊亂風紀之書畫，或作或藏，均行嚴禁。

第五十八條　所有物料，有危險或易腐爛之虞者，嚴禁收藏。

第五十九條　巨額貨幣、巨價物件，均禁收藏。倘有收藏者，須應交請辦事處代為收藏，領單為憑方可。

第六十條　　所有齋內門窗柱壁及各種器具等，不得污

壞。若悞行污壞者，令其自貼。故意污壞
者，再加罰科。

第六十一條　由外入齋時，須將靴底泥土擦淨為要。來
住〔往〕廊下，務須靜肅不得亂走。

第六十二條　齋內及廊下，不得吐痰或拋棄塵芥。

第六十三條　除示定處所外，不許齋內喫烟。

第六十四條　遇有火災及其餘變故時，即由班長率領各
該班學生齊集一處，靜候學生監及各職員
指示為要。

第六十五條　除前開各條所載自應遵守外，其餘事項隨
時牌示，以便遵守。

振武學校職員表　明治四十一年十二月

前任職務	榮譽功勳	職務	就職年月	薪俸	調薪年月	姓名
退役陸軍步兵大佐	正五位勳三功四	學生監	三十六年七月	百圓	三十八年十二月	木村宣明
陸軍通譯高等官待遇	勳六	主事	三十九年三月	四十圓	四十一年六月	伊藤松雄
退役陸軍步兵大尉	從七位勳六功五	舍監	四十年三月	四十圓	四十年五月	中澤鄉
預備陸軍步兵少尉	正八位勳六	舍監	三十九年三月	三十五圓	四十一年六月	木下健太
預備陸軍步兵中尉	從七位勳六功五	舍監	四十年九月	二十五圓	四十年九月	三井吉明
預備陸軍步兵少尉	正八位勳六	舍監	四十年八月	二十五圓	四十一年六月	須藤吉房
後備陸軍三等主計正	正六位勳四	書記	四十一年五月	四十五圓	四十一年三月	小阪欣弘
陸軍編修書記	勳七	書記	四十一年五月	三十五圓	四十一年五月	宮部力次

前任職務	榮譽功勳	職務	就職年月	薪俸	調薪年月	姓名
■…陸軍步兵少尉	正八位勳五	書記	三十九年四月	三十五圓	三十九年■月	福地茲憲
退役陸軍一等主計	正七位勳五	書記	四十年四月	三十圓	四十年四月	海沼義之
現役陸軍一等軍醫	正七位勳四功五	醫員	三十九年八月	三十五圓	三十九年■月	安井洋
現役陸軍一等軍醫	正七位勳六	醫員	四十年十一月	三十圓	四十年■月	合田平
陸軍雇員	勳八	醫員助手	三十七年五月	二十五圓	■■■年八月	磯部清吉
外國語學校教授	從五位	教頭	四十一年九月	九十圓	四十一年九月	尺秀三郎
臺中師範學校長	從七位	教授	三十七年二月	六十圓	三十九年十一月	木下邦昌
師範校長	從六位	教授	三十八年九月	六十圓	三十九年一月	安藤喜一郎
陸軍中央幼年學校講師		教授	三十八年十二月	六十圓	三十九年一月	金澤卯一
湖南省高等師範學堂教習		教授	三十九年一月	六十圓	三十九年一月	江口辰太郎
學習院教授	正八位	教授	三十六年九月	五十五圓	三十九年一月	藤森溫和
東京城北中學校教諭		教授	三十七年四月	五十五圓	三十九年一月	植木直一郎
東京高等師範學校教授		教授	四十一年二月	五十五圓	四十一年二月	阿知波小三郎
長野師範學校教諭		教授	三十六年十月	五十圓	三十九年一月	高木次郎
臺灣師範學校教授	正七位	教授	三十七年十月	五十圓	三十九年一月	張間多聞
東京國學院畢業		教授	三十六年七月	五十圓	三十九年一月	高柳彌三郎
東京高等師範學校訓導		教授	三十八年五月	五十圓	三十九年一月	渡邊政吉
陸軍助教砲工學校附	勳八	教授	三十六年九月	五十圓	四十一年六月	御園繁
島根縣師範學校訓導		教授	三十七年十一月	五十圓	四十一年六月	岸田蒔夫

前任職務	榮譽功勳	職務	就職年月	薪俸	調薪年月	姓名
退役陸軍一等主計	從六位勳五	監理長員附	三十七年三月	四十五圓	三十九年一月	矢島隆敎
參謀本部雇員	勳八	監理長員附	四十年一月	十圓	四十年一月	森敬佶

一

第一章　宗旨

第一條　本校係爲清國留學生之將來願充武員者而設授以豫備敎育卽日本語文及普通學科令其預求升進陸軍士官學校或陸軍戶山學校爲

第二章　肄業年限

第二條　肄業年限定爲一年三個月。

第三條　肄業年程分爲三學期而每學期定爲五個月。

第三章　放假日

第四條　放課之期開明於左

每星期
大祭祓日

二

清國萬壽節及隆曆元日

夏季　自陽曆七月一日起　至八月三十一日止
冬季　自陽曆十二月廿一日起　至次年一月八日止爲

第四章　學科課程

第五條　學科課目及課授圖數開左

課程概要

此外遇有另行敕諭時揭示。

日本語　三百回
先授日本語之組織次授實用之簡務圖語文之互相聯若再校細密語法以期談話作文均得合法。

日本文　貳百拾貳回
自日文數

三

幾何學　百拾回

法則之活用
式編此均行課授直隨時歌題藉令運用其法以圓通曉各理論與
數者起是一二次方程式及其性質聯合二次方程高次方程
自代數之總論整式之各算法一次方程式因數分解倍數約數分
爲主主於理論之較深者結且不授

代

授比比例之諸法而平開立體環小數大要專令熟悉實用之算法
比及比例之算法揭要
授以總論從數小數論等數之概要理論及各算法取之性質大要

算術　百入拾貳回
四篇加授是由漢文譯日文之法以資講究作文
譯以瞭解語文之聯絡藉令通曉譯文之圖例仍再揭一

四

平面幾何則自總論起至直線多角形圓之各論比及比例之概要
面積之各論爲止均行課授直令講解漸近問題以期通曉活用之法
立體幾何則自直線與平面相圓之各論幾至平面與平面相圓之
各能多面體各論多面體之體積及球面爲止均授概要

三角法　四拾七回
算角法三角函數恒等式之證明道三角形之解法及任意所設之
角之三角函數三角函數倍角之三角函數對數之性質及
淺近之實用問題解法均行課授

地理地文　弍拾八回
專令通曉全球地理上遠近之專爲講
國爲中心略述各國關係之專面地文則敎以地球星學概況及帝

珠表面變態令諸務令通曉自然現象與人文發達之眞係歸主

歷　貳拾叁回
東洋史則以支那史爲主令中心首重國事項略述諸民族及列國之詳細
查護西洋史則敎以各國歷代重要事項略述諸民族及列國之盛
衰與亡文明發達之情形務令留心西力東侵之事蹟

生理衛生　參拾貳回
查生理衛生惟就人身生理及衛生槪要

化學　五拾叁回
先敎物質變化元素化合物化學式等再敎化學各論之槪要而敎
法敎授而敎授之法均用實物模範講明以便易於通曉

物理　七拾壹回
之法隨時徵之實驗以明理論證資實用

五

先敎理化學之爲何再敎力學熱學電氣學磁氣學等臨時徵之實
驗將其理論或法則之正確無錯令其了然於心查成槪講其實
理用之實地之能力

圖畫
圖畫敎以鉛筆淡先就中等臨畫幾何各齒簡易器具等件述臨
高級密之物像有長遠方令模範簡易實物
圖學專授幾何畫法

典令敎範　百六拾五回
授以體操敎範之一斑及創術敎範之全體直授步兵操典中隊敎
練爲止要務令第五編行軍之慎爲止而敎授之法先敎訓讀再行
講授概要旨義

體操　貳百七拾八回

六

載以類軟體操之全閒器械體操之……創術之基本
少兵敎練（各個敎練分隊敎練小隊敎練排創術之基本
肇護同數自屬接定未免有時或增或減

第五章　考試
第六條　考試分爲三種卽月考期考大考是也每試後評定優劣記注分
數務令生之自反省令其奮勵
第七條　各種考試所得分數再將各生平業禮貌品行亦評定分數
一併合算以定其次回資等劣
第八條　或有疾病或有不得已之事屆期實踐應試者由學生監試
剴理事定日期易於行考試亦可
第九條　願進本校之學生實格年在十六歲以上而備有填修本校所

第六章　進學及退學

七

定學科課程之學力者方爲及格
第十條　願進本校肄業者開具入學願書及左開各項文件請由
清國政府所派駐京留學生總監督一倂呈監理清國學生委員長
查閱候示
一清國各省有負任官員之呈文
二駐京留學生總監督之保結
三學生東渡前後之履歷
入學願書及保結履歷等本校備有印就款式隨來校請領填寫
第十一條　監理清國學生委員長接收入學願書時先定日期西令醫
員查驗學生身體質果否及格以定准否其及格者進學日期會赴京
留學生總監督轉達該生以便進學
第十二條　進學分爲二會令退學生及願退學生自便退學

八

第十三條　令凡退學者皆醫生前令退學之監督呈方行斥退
施賞諸監理清國學生員長蒙審方行斥退

第十四條　依願退學者卽准其告退令其退學之調知有退學之願有不得
已之事情退學者卽辦審由詳細開具赴辦曾行吉遠之各諸有責
任官員之咨請赴京留學生總監督轉呈監督委員查
查閱揭示

第七章　學費

第十五條　所有學員每年每名定為日幣參百圓學生進學時先將三
個月分以上之學費曾由赴京總監督遠呈監督委員長查收嗣後每
名每月貳拾五圓限月之二十五日竟納為要

第十六條　牛遠退學者之學費接日核算如有剩餘自應還付

第八章　賞罰

九

第十七條　一學期間常列優等品行編正者酌給褒賞以示獎勵而兗
負分為賞罰品二種

第十八條　不違訓誨達青學現者酌情懲辦以廣學規

第十九條　懲戒之法分為四種
　謹責　懲責非行曾行者謹責
　罰廬　在講堂內另設一廬令其就臥
　退學
　禁足　禁止出門

第二十條　受罰罰禁足之廬分者期滿時卽由舍監率學生監面前
令其懺悔應習悛改

第九章　職員

十

第二十一條
學生監堂員　　　若干員
　教頭壹員　　教習　若干員
　　教習　　　若干員
　司計員　　司計副手　若干員
　醫務副手　若干員
　書記　若干員
書記　若干員
學生監總理應辦一切校務曾率職員員兼任調育學生之責舍監承
學生監之命堅視校內監察學生勤惰兼任辦理庶務
教則藏助學生監監督學生訂定課程兼任教授
教習承教頭之命專任教授
醫員承學生監之命豪視醫療之專豪辦校內一切衛生事宜
司計承學生監之命豪管一切收支事宜

十一

副手承各諸專任員之命辦理各諸事務
書記承舍監之命掌理庶務

附規

第二十二條　齋房規條另有所定

十二

第一章　班長

第一條　所有學生分爲數每班設置班長一名。

第二條　班長由各該班學生內公舉二名稟請學生監批定一名。

第三條　班長之任期定以一學期爲限有時或令限滿續充亦可。

第四條　班長承學生監及舍監之命約束各該班內學生其應辦事項概要如左。

一維持班內風紀留意衛生事宜

二稟達所有命令告示並監察各生是否遵行

三代領或發或給物件頒給各生

四保管或貯或物件

五班內物件遇有破壞隨時稟辦

六通呈班內各生所有上達文件。

七班內各生應行事宜隨時揭示並行監察。

八每夜按照所定時刻飭令班內學生齊集先行點名以備值班舍監屆時查論。

　　第二章　講堂及其餘各場所

　　　第一節　講堂

第五條　受課時必須容儀端正爲要每值敎習上堂下堂均行立正行禮此外非有敎習之命無庸行禮。

第六條　不許妄自換座。

第七條　在講堂所用物件除筆墨紙張外非有敎習允准不得擅自携帶書籍等類。

第九條　自習時刻隨時牌示以便遵守。

第十條　自習時必須默讀不許發聲閱于學科彼此質疑甚麗屬無妨惟務必低聲無奧別人相得爲要。

第十一條　室內裝飾顧尤各隨其便須留意風紀以及整齊一切不得靡無章。

第十二條　室內務須按照左開各項整頓爲要。

一番薪等件安排架上端須整齊惟無資參考之書雖屬自有不得收

二視爲無用時必須蓋上端置桌上右邊不可料香

三紙張及抹盒器具等件必須收藏袖內

四上講堂及出門或就眠等時須將桌上收拾潔淨並將檔凳挪置桌

下。

第十三條　每室設置值班令其辦理左開事項。

一每日早餐前將必將各自室內打掃潔淨。

二整領公司所用物件。

三聽和息燈號晉時將室內火燭息否並將室門鎖上。

　　第三、寢室

第十四條　每晨間有起床號晉時急速離床照制裝扮並將寢具按式整頓

五帽子、手巾撣箒撥子壜台等件必須安置所定處所

六帽架不得妄掛他物。

七字紙簍不得投入他物。

不得互相擁擠喧嘩。

第十六條　每室設置值班生每早灑掃室內。

第四、膳堂

第十七條　每日三餐皆有號音早餐及午餐須以半點鐘內食畢惟晚飯一點鐘內食畢。

第十八條　食飯時不妨彼此間談惟不得喧嘩雜亂。

第五、澡堂

第十九條　飯處各自留心務須潔淨為要。

第二十條　每日設有浴湯以備洗滌惟有時或改。

第二十一條　洗滌時刻當隨時有之澡堂內牌示。

第二十二條　洗滌時須靜肅不得喧嘩罷也。

第二十三條　患有皮膚病等傳染於人之病者務須各自謹慎候洗

十七

鴻霈要

第六、盥漱所及洗物處

第二十四條　臟盆必須安置示定處所嚴禁洗滌污穢物件。

第二十五條　衣物等件洗滌時必於示定處所晒乾遇有雨雪之日懸于所備釘子上晒乾亦可。

第二十六條　所有須洗物件受課內不許浸置。

第七、飲茶所

第二十七條　流水盤上嗽口或用杓取水等專一瓶禁止。

第二十八條　所備器具各自留心不可污毀。

第二十九條　喝牛奶的者須用自己茶碗不可亂用其空瓶必須安置示定處所

第八、假話室

十八

第三十條　餐話滾感腹受護自斃時列內均可考其會留性自起床時起至有就床號番番露止。

第九、會客所

第三十一條　在室內可用茶點惟於酒或涉喧嘩等一概禁止。

第三十二條　會客除特別事故外非日課學時一概不唯。

第三十三條　會客須在會客所若引入別室或令住宿一概嚴禁。

第三十四條　會客來賓纜載較內者先行專請會監允唯為要。

第三十五條　非有醫生允唯不得擅進。

第十、養病所

第三十六條　功課時間外情願看護病人者專請會監允唯為要。

第三十七條　遇有下痢之患者卽速禀報會監候示不可遲悞。

十九

第三章　打掃

第三十八條　廚房內各須留心不可污穢。

第十一、廚房

第三十九條　除每早打掃外每值星期六所有學生協同掃地板壁廚窗戶玻璃等均行擦理塵垢具掃干日光之下以期潔淨面重衛生。

第四章　出門

第四十條　星期六打掃已完時時須由各課班長帽請會監臨驗為要。

第四十一條　出門在外住宿回寓。

第四十二條　出門須隨時牌示以便隨空惟不需款魏日則早實校起星期三則完課後越均以晚餐時刻為限。

第四十三條　每星期四晚餐完完時由學生監酌着情形尤准出門惟晚餐時必須回校為要。

二十

第四十四條　遇有不得已之事故情願在外住宿者先將事由及其
　　欲住宿之家係為某區某町某番地某姓名等事項細開明請由連長．
　轉請會監允准後為變若出門之後或有事故未暇嘉諸在外住宿者求
　日須將總監督或各本省所派監督之文遇呈交舍監以備查閱．
第四十五條　因病歇課者非有允准不得出門
第四十六條　凡欲出門者赴各監寫諸領假牌交給門役為遇校
　時再由門役取回呈繳舍監
第四十七條　携帶物件出門者先赴辦事處請領惠單交給門役為憑
　方可．
第四十八條　凡欲請暇回國者除有左開事項外非有特別事由一概
不准．

二十一

第五十二條
　擅穿外套
第五十一條　在誦堂自習室及膳堂等時不得裁帽又非有允准不得
　為要．
第五十條　學生裝揆務須齊潔潔淨從起床至就寢時必應厲制裝揆
第五章　服裝
　轉請監理委員長核准為要．
第四十九條　遇有前條所開事故者即將事由詳細開具請由總監督．
　一父母病覚或逝世時．
　一遇有疾病一時難瘉時．
　一由督撫吉調回國時．

第五十三條
　傳染病者轉回送其鄉里轉會其父母親屬調回其醫所療治須
　以便調養
第五十四條　有疾病者所有一切衛生上吃藥飲食以及洗澡同步等事
　必須遵聽醫員指示不得違背．
第七章　雜規
第五十五條　公眾之集會宴會以及演說等處非有允准不得擅往．
第五十六條　有導治安之文書及喚悚學業素亂風妃之書或作戎
　藏均行嚴禁．
第五十七條　所有物料有危隆或易屬爛之虞者嚴禁收藏．
第五十八條　且組貨幣互價物件均禁收藏償有收藏者須應交辦
第五十九條　事處代為收咸領單為遇方可．

第六十五條
　遵守．
　限前開各條所載自應遵守外其餘事項隨時辭示以便
第六十四條　集一虛靜饒學生監及各職員指示為憂．
　遇有火災及其餘變故時即由班長半領各鎮連學生齊
第六十三條　除示定處所外不許睡內嘔炯．
第六十二條　舍內及廊下不得吐疾或拋棄塵芥．
第六十一條　田外入舍時須將鞋底混土擦淨或夾半往廊下務須靜
　肅不得亂走．
第六十條　所有齋內門窗柱壁及各種器具等不得污壞若慎行污垵
　者會其自賠故意污壞者再加倍科

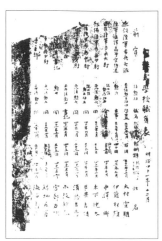

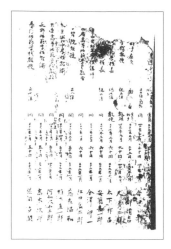

三、振武學校教科書目錄

中等東洋史

桑原隲藏編著,《中等東洋史》,

東京:大日本圖書株式會社,1898 年。

高等師範學校教授　文科大學講師　那珂通世　校閱

大學院學生、文學士　桑原隲藏　編著

發行　大日本圖書株式會社

〔目次〕

總論

第一章　東洋史的定義及範圍

第二章　地勢

第三章　種族

第四章　時代的劃分

上古時期　漢族擴張時代

第一篇　周代以前

第一章　上古

第二章　堯舜的事蹟

第三章　夏商的興亡

第二篇　周

第一章　周的興起及其制度

第二章　周的盛衰

第三章　漢族與諸外族的關係以及周代時期戎

狄的跋扈

高等師範學校教授
文科大學講師　那珂通世校閱
大學院
文學院學士　桑原隲藏編著

中等東洋史

發兌　大日本圖書株式會社

西洋史

吉國藤吉著、和田鼎校對，《改訂西洋史》，

東京：內田老鶴圃，1903 年。

第二部　中古史（西元四七六年至一五一七年）

第一篇　西歐各國的起源及阿拉伯國家興盛的時代

　　　　第一章　日耳曼民族大遷徙與各個王國的形成

　　　　第二章　東羅馬帝國與波斯及日耳曼民族

　　　　第三章　阿拉伯國家的興起

第二篇　羅馬教皇權力的伸張

　　　　第一章　羅馬教皇與法蘭克國王

　　　　第二章　法蘭克王國的分裂及諾曼人的侵略

第三篇　羅馬教皇的全盛時代

　　　　第一章　神聖羅馬帝國與教皇權力的發展

　　　　第二章　十字軍

　　　　第三章　英國與法國的關係

　　　　第四章　中古時代的社會

　　　　第五章　蒙古民族的入侵

第四篇　教皇權力的衰落與各國王權的伸張

　　　　第一章　中世紀新興的民族

　　　　第二章　各國王權的擴張

　　　　第三章　鄂圖曼土耳其民族的興起

　　　　第四章　文藝復興

　　　　第五章　航海的發達與新大陸的發現

第三部　近古史（西元一五一七年至一八一五年）

第一篇　宗教改革與殖民競爭的時代

　　　　第一章　宗教改革

　　　　第二章　新教的建立與各國的宗教改革

　　　　第三章　葡萄牙、西班牙兩國的殖民政策

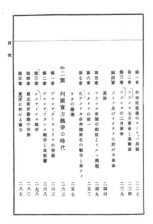

新編西洋史綱附圖

箕作元八、峯岸米造，《新編西洋史綱附圖》，

東京：合資會社六盟館，1907 年。

箕作元八　峯岸米造　合著

新編西洋史綱附圖

東京：合資會社六盟館發行

目次

新編西洋史繪圖

箕作元八合編
峯岸米造

東京
合資會社 六盟館 發行

新撰外國地理

矢津昌永，《新撰外國地理》，
東京：丸善株式會社，1902 年。

高等師範學校教授　矢津昌永　著
新撰外國地理
東京：丸善株式會社

新撰外國地理目次

亞洲　總論　位置、地勢、氣候、天然物產、住民、交通
　　　朝鮮
　　　中國　本部、滿洲、蒙古、新疆省、西藏
　　　俄屬西伯利亞
　　　俄屬中亞
　　　俄屬高加索
　　　亞細亞土耳其
　　　阿拉伯地方
　　　阿富汗及巴基斯坦
　　　波斯
　　　印度
　　　暹羅
　　　法屬中南半島
　　　英屬馬來半島
　　　馬來群島
　　　菲律賓群島

大洋洲　總論　位置、面積、住民、區域劃分
　　　　　　　澳洲大陸
　　　　　　　澳洲沿岸諸島
　　　　　　　波里尼西亞
　　　　　　　密克羅尼西亞
歐洲　總論　位置、地勢、氣候、天然物產、種族、
　　　　　　　國力、交通
　　　　　　俄國
　　　　　　瑞典、挪威
　　　　　　丹麥
　　　　　　德國
　　　　　　奧地利、匈牙利
　　　　　　瑞士
　　　　　　法國
　　　　　　比利時
　　　　　　荷蘭
　　　　　　英國
　　　　　　西班牙
　　　　　　葡萄牙
　　　　　　義大利　聖馬利諾、摩納哥
　　　　　　希臘
　　　　　　巴爾幹半島諸國
　　　　　　土耳其
非洲　總論　黑暗大陸、位置、地勢、氣候、
　　　　　　　天然物產、種族、探險
　　　　　　埃及

尼羅河地方

北非地方

蘇丹地方

比屬剛果

北美洲　總論　位置、地勢、氣候、天然物產、種族、
　　　　　　　發展

加拿大

美國

墨西哥

中美洲

西印度群島

南美洲　總論　地勢、氣候、天然物產、種族、沿革

哥倫比亞

委內瑞拉

圭亞那

巴西

厄瓜多

祕魯

玻利維亞

巴拉圭

烏拉圭

阿根廷

智利

地理結論

世界的貿易及交通

世界的人口、語言、宗教

日本與各國的關係

各國國力比較　經濟、武力、領土

日本在世界的地位

高等師範學校教授　矢津昌永著

新撰外國地理

東京　丸善株式會社

新撰外國地理目次（畢）

新撰中地文學

矢津昌永，《新撰中地文學》，
東京：丸善株式會社，1903 年。

高等師範學校教授　矢津昌永　著
新撰中地文學
東京：丸善株式會社

新撰中地文學目次
第一編
總論

　　地球科學

　　太陽系

　　地球的形狀、大小

　　地球的密度

　　地熱

　　地球的運轉　晝夜、四季、日蝕及月蝕、緯度
　　　　　　　　及經度

　　標準時間

　　地圖

第二編
陸地

　　海岸線

　　地勢及構造

　　山岳

原野

溪谷

泉

河川

湖泊

岩石及礦物

地層

岩脈

礦物資源

地殼的變動

火山

地震

大陸及山脈的形成

沿岸線的形成

大氣的作用

水的作用

生物的作用

日本地域的形成

第三編

大氣

性質及作用

氣溫

氣壓

風

濕氣

氣候及天氣

第四編

海

　　海水　組成、鹽分、顏色、比重

　　海底

　　海水的溫度

　　波浪

　　海流

　　潮汐

第五編

生物

　　生物的分布

　　植被

插圖及插畫目次

　　太陽及各行星比較圖

　　四季循環、晝夜長短圖

　　日蝕及月蝕圖

　　地圖描繪法

　　橫向壓力下的褶曲紙層生成

　　地層褶曲作用下的山岳形成

　　水文作用下的山岳形成

　　鑽井噴泉

　　水流的侵蝕及堆積

　　河道的變遷

　　河流的截斷面

　　河岸的階段狀地形

　　沙洲的生成

地層的傾斜及顛倒

斷層

岩脈、岩頸、火山、岩床

火山的形狀圖

舊火山口及寄生火山圖

火山地震分布圖

震波對硬地和軟地造成的影響

拿坡里灣塞拉比斯神殿的廢棄柱子

沙丘的堆積

雨水侵蝕所產生的土塔

南鳥島及珊瑚礁

宇宙的初期

日本灣的橫切面

南日本的橫切面

北日本的橫切面

依光線照射的角度所產生的照射範圍變化

世界等溫線圖（全年）

等溫線圖（一月）

等溫線圖（七月）

氣壓計

日本各月氣壓的高低

世界一月之平均氣壓圖

世界七月之平均氣壓圖

風力計

上層與下層的氣壓

赤道上的氣流朝向兩極地方

地球上風帶的形狀圖

陸地風

海洋風

暴風渦流形成圖

暴風中心的路徑

暴風範圍內

日本的暴風天氣圖

水蒸氣的循環

春霞靉靆圖

雨量計

世界雨量分布圖

日本雨量分布圖

雪的結晶

從赤道到兩極的雪線

日本的等壓線及等溫線圖

海深圖

海流圖

洋流形式圖

潮汐圖（漲潮及退潮）

生物分布圖

高等師範學校教授 矢津昌永著

新撰中地文學

東京　丸善株式會社

新撰中地文學目次舉

幾何學教科書——平面之部

長澤龜之助編纂，

《幾何學教科書：中等教育　平面之部》，

大阪：三木書店，1900 年。

中等教育幾何學教科書　平面之部

長澤龜之助　編纂

修正新版　大阪：三木書店

中 等 教 育

幾何學教科書

平 面 之 部

長 澤 龜 之 助

編 纂

修 正 新 版

大 阪

三 木 書 店

目 次

附 錄

注 意

問題ノ中足行一ヲ
付ケタルモノヽ類、
集整ナルモノナリ。

幾何學教科書——立體之部

長澤龜之助編纂，
《幾何學教科書：中等教育　立體之部》，
大阪：三木書店；東京：數書閣，1896 年。

中等教育幾何學教科書　立體之部
長澤龜之助　編纂
大阪：三木書店
東京：數書閣

立體之部

目次

中 等 教 育

幾何學教科書

三壝巳郎

———

長澤龜之助
編　纂

—卄一—

大　阪　　　　東　京
三木書店　　　數書圖

立體之部
目　次

---

2 體 體 附 學 目 次

平面三角法教科書

遠藤又藏，《平面三角法教科書》，

東京：光風館書店藏版，1904 年。

平面三角法教科書

理學士　遠藤又藏　著

東京：光風館書店藏版　修正第十一版

目次

平面三角法
教 科 書

理 學 士

遠藤又藏 著

東 京

光風館書店藏版

修正第十一版

中等教育用器畫教科書　上卷

山口大藏，《中等教育用器畫教科書　上卷》，東京：
三省堂，1899 年。

山口大藏　著
中等教育用器畫教科書　上卷
東京：三省堂發行

第五章　等面積及等面積的分割

練習題

拋物線、雙曲線及比例放大圖、以及比例尺

練習題

幾何應用圖形

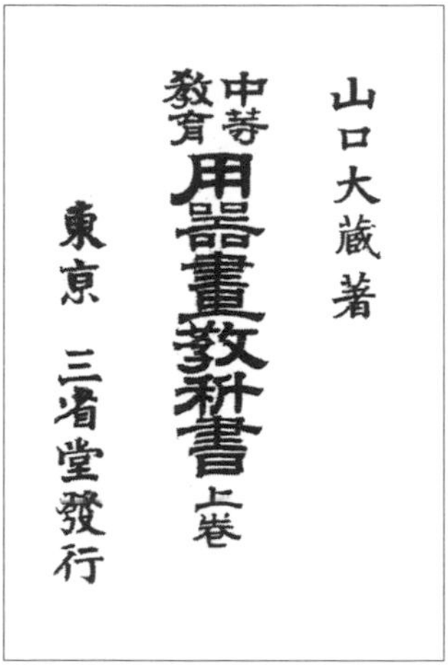
山口大藏著
中等教育 用器畫教科書 上卷
東京 三省堂發行

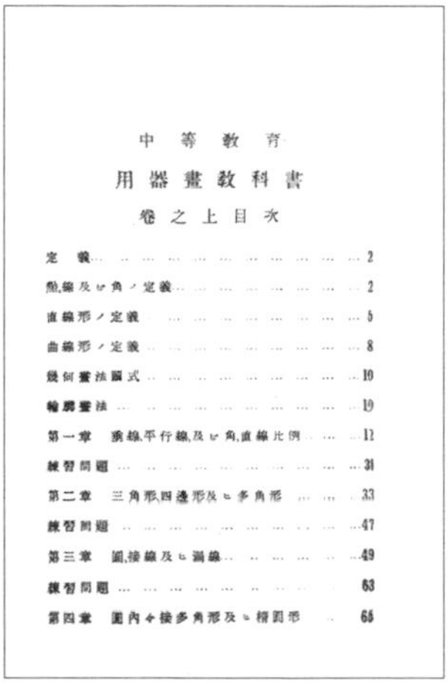
中等教育

用器畫教科書

卷之上目次

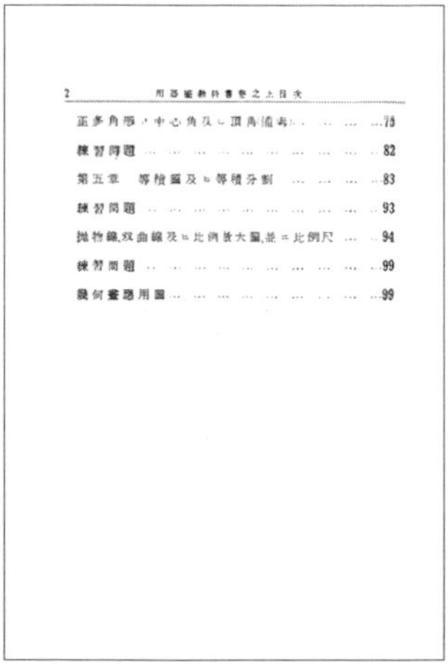
2　用器畫教科書卷之上目次

五位數對數表及三角函數表

高斯（ガウス），弦卷直吉譯，

《五位數對數表及三角函數表》，

東京：弦卷書店，1892 年。

目次

新編中物理學

木村駿吉編,《新編中物理學》,

東京:內田老鶴圃,1897 年。

理學士　木村駿吉　編

新編中物理學

東京:內田老鶴圃

新編中物理學目次

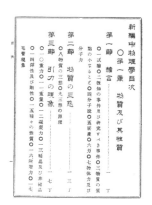

　○三〇加速運動○三一落体の速度は物質の質量と種類とに關せず○三二減速運動
　○三三試驗

第九節　運動の第二則の應用　振子 ………… 四四丁

第（○）節　運動の第三則 …………………… 四五丁
　○三四運動の第三則○三六反射の則

第（一）節　仕事及びエネルギー …………… 四九丁
　○三七仕事○三八仕事の單位○三九機械の効用○四〇エネルギー○四一位置のエネルギー及び運動のエネルギー○四二エネルギーの總量○四三物理學

第（二）節　流動体の靜力學 ………………… 五八丁
　○四四壓力及び張力○四五流動体中の壓力○四六重力は深

近世化學教科書

池田菊苗，《近世化學教科書》，
東京：開成館，1903 年。

近世化學教科書
東京帝國大學理科大學教授　理學博士　池田菊苗　著
開成館近世理科叢書

近世化學教科書目次
緒論
　　　化學教學的必要、化學教學的心得
第一章　水之一
　　　水、過濾、蒸餾、結晶、純水的性質
第二章　水之二
　　　水對金屬的作用、氫、水的生成、水的分解、
　　　氧、水的合成、化合物與元素、定比律、化合
　　　容積的定律、分子量、原子量、化學符號、質
　　　量不變、元素不滅、分子及原子
第三章　空氣及氮氣
　　　空氣的組成、氮、空氣的重量、空氣為混合
　　　物、液態空氣
第四章　氨（阿摩尼亞）及硝酸
　　　氨（阿摩尼亞）、氨水（阿摩尼亞水）、氨
　　　（阿摩尼亞）的組成、硝酸、酸、濃度、中和
第五章　二氧化碳及一氧化碳

元素的分類、金屬的通性、合金、金、
銀、汞（水銀）、鉑（白金）、銅、鐵、
鎳、鉛、錫、銻、鋅、鋁、鎂、鈣、鈉、
鉀、金屬的原子價、金屬離子、金屬離子
的性質、金屬的離子化傾向、電鍍

第十四章　氧化物及氫氧化物
臭氧、過氧化氫（雙氧水）、金屬的氧化
物、金屬的氫氧化物

第十五章　硫磺及其化合物
硫磺、硫化氫、金屬硫化物、二氧化硫、
亞硫酸、三氧化硫、硫酸、硫酸鹽

第十六章　硝酸鹽
硝酸、氧化氮及二氧化氮、硝酸鹽、硝
化、氯酸鹽

第十七章　磷及其化合物
磷、紅磷、火柴、磷酸、磷酸鹽、砷化合物

第十八章　碳的無機化合物
木炭、碳酸鹽、碳的循環

第十九章　矽化合物
矽、二氧化矽、玻璃、琺瑯、陶瓷器、灰
泥及水泥

第二十章　化學能量　結論
能量、反應熱、化學能量、生活現象與化
學能量、溫度與化學變化、結論

近世
化學教科書目次終

新撰生理教科書

齋田功太郎，《新撰生理教科書》，
東京：大日本圖書株式會社，1908 年。

理學博士　齋田功太郎著
新撰生理教科書
發行　大日本圖書株式會社

目次

四、振武學校教學日誌

士官學校清國學生表現之摘要（1901）

日本財團法人東洋文庫藏

明治三十四年度（自三三年十二月至三四年十一月）
士官學校清國學生之表現摘要

第一　學生優點

　　一、記憶力強，尤擅長背誦文章。

　　二、學習頗為認真，即使在假期結束後，也不見
　　　　怠惰。

　　三、汲汲於將學理與實際對照，並探求更多範例。

　　四、有不少人擅長手工作業（例如描繪地圖）。

第二　學生的缺點

　　一、日語不夠熟練。

　　二、欠缺基本學科的普通知識。

　　三、有背誦字句的風氣。

　　四、體格不健全，因此無法跟上較繁複的軍務及
　　　　課業。

　　五、缺乏主動精神。

　　六、缺乏合作的精神。

　　七、有固執己見之風。

　　八、因入伍的時日尚淺，缺乏實地演習的經驗，
　　　　往往對各種原理原則，有流於空論之嫌。

　　九、年紀較長或無意從軍者，稍缺乏進取精神。

第三　教師對未來教學的意見

一、術科方面

入學前至少要充分熟練各種操練，士官學校僅是負責複習進而教授其他學科，否則一年的教學時間是無法達到目的的。其中，騎兵科的馬術訓練尤其如此。

二、學科方面

若日語及普通學科的基礎，特別是數學，不夠充分的話，是無法一窺軍事學之堂奧。

三、一般

學生要挑選體格健壯者，並只錄取志願從軍者。全員的年齡也不要有顯著的差異。此外，將來若要繼續派遣留學生前來，宜制定有關清國學生的教育規則，並避免各隊教育不一，以確實與本校的教育相銜接。

此外，應增加實地的練習課程，應增加參與其他兵科的演習機會，為培養對兵器材料等的觀察力，需增添材料視圖的課程等。

明治卅□年□月　清國學生　士官學校在學中
發見シタル諸件摘要

第一　學生ノ長處

一　記憶力ノ強キ了就中章句ノ暗誦ニ巧ナリ

二　頗ル熱心ニ修習シ休暇日ノ後ニ難情色ニ見ザリシ

三　學理ノ實際ニ對照シ多クノ範例ヲ求ムルニ及バザリシ

四　手先ノ作業（例ニ地圖ノ描畫ノ如キ）ニ巧ミナルモノ勘カラザリシ

第二　學生ノ短處

一　日本語ニ熟達シアラザリシ

二　普通學ノ素養低シト皆無ナリシ

三　字句ヲ暗誦スル風アリ

四　体格不完全ナルガ為メ多端ニ軍務ニ服シ複雑ナ課業ノ進捗ニ追隨シ能ハザルモノアリシ

五　文章的精神ニ乏シ

六　協同一致ノ精神ニ乏シ

七　頑迷自説ヲ固持シ

八　在隊時日短少ナリシ為メ實地演習ノ經驗ニ乏シク諸般ノ原理原則ニ中々架空論ニ流ルル嫌アリシ

九　年長者中多ク軍人希望ニアラザルモノハ補ニ進取ノ氣象ニ乏シ

附神ニ就テ

第三　教育主任者ノ將來ニ關スル意見

一　入校前ニテナルベク各個ノ諸教練ヲ十分ニ修得セシメ士官學校ニアラバ僅々コノ補修シ又他ノ課業ヲ進メ得ルガ如キニ非サレバ到底一ヶ年ヲ以テ其目的ヲ達シ得サルニ就中率馬兵科ノ馬術ノ如キ殊ニ然リトス

二　學科ニ就テ日本語及ビ普通學殊ニ数學ノ素養十分ナラザ

到底軍事學ノ一般ヲ窺フニ能ハス

三　一般ニ就テ學生ノ體格ノ强壯ナルモノ選ビ純粹ニ軍人志願者ヲ採テ全員概ネ其年齢ヲ若シキヲ善シトス尚將來練スル留學生ハ閣下ト規矩ヲ本校ト連繋ヶ各隊教育ヲ各々ノ過ヶ了ノ實地ニ於ケル修習ノ多クノ野合ナラシムヘク他ノ兵科ニ演習ヲ多ク出場ヲセシメ兵器材料等ノ視察力ヲ養フ為メ材料視圖ヲ課スル等シヲ

又兼テ予教シ國家ノ象ニ圍碁シ難ヲ持テ十月�ノ間ニ一回教シテ學術ノ研究シ清國軍隊ノ改善ニ關シ軍去スルシノ...

者ヲ猛省ヲ求メ置ト申上〽儀ニ...

東京麹町區富士見...滿國公署富士見...

振武學校每日學術進度表（1907）

日本財團法人東洋文庫藏

振武學校第八期第五班學生每月學術科進度表

科目		授課時數	明治四○年五月　授課日數二六日
語文	會話	52	教授三種深富教育意義的寓言，以練習會話
	讀法		語文課本卷三第十課教到第十三課
	聽寫作文文法		聽寫作文每週各一次，語法教到課程第九章副詞的一半
地理歷史		10	續北美洲陸上國界線的劃分
數學	算術		
	代數	19	從代數方程式及分數方程式教到初步一元二次方程式
	幾何	23	軌跡、作圖題
	三角		
物理		12	天平、平衡、動力、器械動力、速度、落體、拋體、公式計算
化學		8	一氧化碳、化學定律、食鹽、氯化氫
生理衛生		10	皮膚生理衛生、消化器官解剖
圖畫			
典令		8	講授要務令第四篇第八十六到第一百零六
術科		15	基本劍術（四次）、器械體操（二次）、教練密集散開（九次）
備考			

振武學校第八期第四班學生每月學術科進度表

科目		授課時數	明治四〇年五月　授課日數二六日
語文	會話	52	複習會話課程；以日本歷史為題材，教授會話一次；以博覽會為題，練習問答二次
	讀法		從課本的卷四第五十六課教到第六十六課
	聽寫作文文法		聽寫作文三次，語法教到助詞結束、副詞之六為止
地理歷史		9	續北美洲陸上國界線的劃分
數學	算術	20	教授包含不以文字表示的已知數的一次方程式、一次分數方程式的解法，以及相關的問題
	代數		
	幾何		從圓的一半教到軌跡及作圖的一半
	三角		
物理		12	天平、平衡、動力、器械動力、速度、落體、拋射物、公式計算
化學		9	一氧化碳、化學定律、食鹽、氯化氫
生理衛生		9	皮膚生理衛生、消化器官解剖
圖畫			
典令		7	要務令（小哨、步哨部分）七次
術科		15	教練、散開、密集、劍術、器械體操
備考			

振武學校第七期第二班學生每月學術科進度表

科目		授課時數	明治四〇年五月　授課日數一五日
語文	會話	25	談話問答、單字及慣用語的舉例、同義詞兼辨別異同
	讀法		教到語文課本卷五第五章
	聽寫作文文法		聽寫作文各一次，文法教完國文典教科書卷二及卷四
地理歷史		5	氣壓（續）、大氣圈的水分、天氣與氣候、海水的性質、海水的溫度、海底海水的運動、地殼、生物地理、結論
數學	算術		
	代數	15	講授有關指數定義擴張的問題
	幾何	12	線的比例
	三角	7	直角三角形的解法、三角形的面積
物理		8	發電機、電話機、感應線圈、X 光線
化學		4	有機化合物醇類、甘油、醚類
生理衛生		5	神經系統、五官（生理學結束）
圖畫			
典令		6	講授要務令第六篇宿營的大意
術科		11	部隊教練（四次）、劍術（四次）、複習器械體操（三次）
備考		與第一班相同	

振武學校第七期第二班學生每月學術科進度表

科目		授課時數	明治四〇年五月　授課日數一五日
語文	會話	22	教授普通會話中常用的俚語，並反覆練習之
	讀法		教完語文課本第五卷
	聽寫作文文法		教完語法教科書卷二
地理歷史		4	氣壓（續）、大氣圈的水分、天氣與氣候、海水的性質、海水的溫度、海底、海水的運動、地殼、生物地理、結論
數學	算術		
	代數	8	對數　代數學全部結束
	幾何	11	面積的比例及軌跡（幾何學結束）
	三角	11	直角三角形的解法及其應用問題
物理		6	發電機、電話機、感應線圈、X光線
化學		3	有機化合物醇類、甘油、醚類
生理衛生		5	神經系統、五官（生理學結束）
圖畫			
典令		6	複習要務令綱領
術科		11	劍術（四次）、複習器械體操（三次）、部隊教練（四次）
備考		與第一班相同	

振武學校第七期第一班學生每月學術科進度表

科目		授課時數	明治四〇年五月　授課日數一五日
語文	會話	25	談話問答、單字及慣用語的舉例、同義詞兼辨別異同
	讀法		教到語文課本第五卷第五章
	聽寫作文文法		聽寫作文各一次，文法教完國文典教科書卷二及卷四
地理歷史		5	氣壓（續）、大氣圈的水分、天氣與氣候、海水的性質、海水的溫度、海底、海水的運動、地殼、生物地理、結論
數學	算術		
	代數	13	等比級數（續）排列
	幾何	11	面積的比例的練習題
	三角	8	直角三角形的解法、三角形的面積
物理		7	發電機、電話機、感應線圈、X光線
化學		4	有機化合物醇類、甘油、醚類
生理衛生		5	呼吸器官（續）、排泄器官、神經系統
圖畫			
典令		6	複習要務令綱領
術科		11	劍術（四次）、複習器械體操（三次）、部隊教練（四次）
備考			本月二十三日至二十九日舉行期末考。另外，二十日至二十二日停課，讓學生準備考試。

六月份例常報告

明治四十年七月五日

振武學校　清國學生監理委員　■中

如下列目錄及報告：

目錄

六月份概況

學生的情況：學生人體皆勤勉用功，即使是在夏天這種
令人懶散的時期。也仍然勤奮用功。

遷入新落成的學生宿舍：因學生宿舍興建完工，本月七日
第四班之後的班級一同遷入。

畢業典禮：本月十日舉行畢業典禮，頒發證書給第七
期的學生（典禮情形如預報所報導的，故
省略）。

回國休假：依據休假規則第六條，許可第七期畢業生
回國休假至十月十五日止。故本月十一日
出發，現今都在回國的途中。

安裝電燈：本月十一日所提安裝電燈一案承蒙認可，
故自本月二十七日起在新建的學生宿舍著
手安裝。

每月懇談會：　本月因各班舉行學期考，故只有下列二
　　　　　　　班舉行談話會。二十七日下午一點四十
　　　　　　　分起，第六班甲舉行懇談會。二十九日
　　　　　　　上午八點起，第七班舉行懇談會。

職員請假：職員因病請假的情形如下：

病假	一日	舍監	中澤鄉
病假	三日	會計	伊藤松雄
病假	五日	會計助理	宮崎吉彌
病假	一日	書記	福地茲憲
病假	一日	醫師助理	磯部清吉
病假	一日	教授	安藤喜一郎
病假	十四日（本月六日因盲腸炎回家修養，二十四日起上班）	教授	鈴木重義
病假	二日	教授	渡邊政吉

參觀學校：清國游歷官查秉鈞及其他二名本月十七日來校視察，故陪
　　　　　同參觀教室及學生宿舍。

明治四十年六月月報　振武學校

名稱	學生監	職員	教師	學生	警衛	工友	雜工	廚師	合計
上月總人數	1	11	16	339	3	3	11	9	393
增加的人數		1							1
減少的人數			1	2					3
本月總人數	1	12	15	337	3	3	11	9	391
事病假　休假				131					131
事病假　休假回校				5					5
事病假　入住地方醫院				4					4
事病假　出院				2					2
現今人數	1	12	15	202	3	3	11	9	256

備考
一、增加的人數　　職員一人是因本月一日聘山下政堯為書記。
二、減少的人數　　教師一人是因本月二十日杉山文悟自願離職；學生二人，一是段光融自願退學，另一是容保依休假規則第十一條開除。

事病假
一、休假　　　　　學生一三一人是指孫元及其他一百三十名回國休假。
二、休假回校　　　五人是指高尚志及其他四名回校。
三、入住地方醫院　四人是指竇鑫及其他三名住院。
四、出院　　　　　二人是指蕭鍾音及其他一名出院。

明治四十年六月病患疾病類別表　振武學校

病類別	舊患		新患		合計	痊癒		死亡		意外		後遺症		治療日數	
	學校	醫院	學校	醫院		學校	醫院	學校	醫院	學校	醫院	學校	醫院	學校	醫院
全身病															
神經系統疾病	3		16		19	17						2		113	
呼吸器官疾病	1	2	11		14	11					1	1	1	82	36
循環器官疾病		2	4		6	3	2					1		33	23
營養器官疾病	5	3	23		31	28						1	2	142	72
泌尿器官及生殖器官疾病															
花柳病															
眼疾			1		1							1		4	
耳疾															
皮膚病	1		21		22	21						1		81	
運動傷害			1		1	1								2	
外傷及意外			7	1	7	6				1			1	27	15
其餘的傷病															
合計	10	7	84	1	101	87	2			1	2	6	4	484	146
合計	17		84			89				2		10		630	

備考

一、原為在校患者而入院者，一度計為學校事故，後又計入病院新患。本表中以紅筆書寫者即為此。因重複，故不計入合計欄中。
　　〔徵集原件係黑白，無法辨識紅字〕

二、新患外傷七名指挫傷四名（皆因公受傷）、關節扭傷一名（因公受傷）、肌肉扭傷一名（因公受傷）、蹠骨骨折一名（過失），除骨折者外皆痊癒。骨折患者痊癒後是否會有機能障礙仍未定。

振武學校第八期第五班學生每月學術科進度表

科目	期　明治四〇年 五月	教授日數 二六日

（右半・左半を合わせた一表　縦書き）

地理	歷史	代數	幾何	文法	讀方	作文	語法	取材文
北亞米利加ノ續キ陸界ノ配置	教程第九章	一元二次方程式	軌跡 作圖板		書取作文ハ毎週第十課ヲ主トシ課マテヲ授ク 副詞ノ末ニマテマテタク授ク			

三角	物理	化學	生理 衛生	圖畫	典令	衛科	備考
	天秤　質量ヲ計ル事　比熱ニテ主トシテ仕事　速度	鹽性物對性、公式計算	酸化要素、化學定律、食鹽、鹽化水素	一〇	皮膚管理斷生活化菌解剖	八	要領　今秦四篇第八十六号ヨ夢百二三ヲ 釘問基年（四皿）音徒（三四）敦備與集哿則（九皿）

振武學校第八期第四班學生每月學術科進度表

科目	期　明治四〇年 五月	教授日數 二六日

地理	歷史	代數	幾何	讀方 作文	語法	取材文
北亞米利加ノ續キ陸界ノ配置	教程第四章 第五課ヲ卒第六十一課マテヲ授ク	一元二次方程式	軌跡及作圖ノ 央ハマテヲ授ク	會話教程、復習ヨリ日ヲ歷史読ニ入テ		

三角	物理	化學	生理 衛生	圖畫	典令	衛科	備考
	天秤　質量ヲ計ル事　比熱ニテ主トシテ仕事　速度	酸化地射性、公式計算	酸化要素、化學定律、食鹽、鹽化水素	九	皮膚管理斷生活化菌解剖	七	要領含（イ百号イ部）七四 敦像撂閱、要集 釘問 若徒

振武學校第七期第三班學生每月學術科進度表

明治四〇年五月　教授日數一五日

科目	教授時數	內容
語文 話方	三五	疑問及單語及慣用句ノ用例類語集並異同辨
語文 讀方		語文教程卷五ノ五章マテ授ク
語文 書取作文・語文法		書取作文各一回文法ハ國文典教科書卷二及卷四終了
地理歷史	五	氣壓ノ變化、氣團ノ形成、天氣ト氣候、海水ノ性質、海水ノ溫度、海底、海水ノ運動、地殼、生物地理、緒論、
數學 算術		
數學 代數	一五	指數定義ノ擴張ニ關スル問題ヲ授ケタリ、
數學 幾何	一二	線ニ關スル比例
數學 三角	七	直角三角形ノ解法、三角形ノ面積
物理	八	發電機、電話機、感應コイル、X光線
化學	四	有機化合物アルコール、グリセリン、エーテル、
生理衛生	五	神經系、五官器（生理學完了）
圖畫		
典令	六	要務令第六篇宿營ニ就テ摘讀
術科	二	部隊教練（四回）劍術（四回）[illegible]器械體操（三回）
備考		第一班ニ同じ

振武學校第七期第二班學生每月學術科進度表

明治四〇年五月　教授日數一五日

科目	教授時數	內容
語文 話方	三	普通會話中ニ用ヰラル、俚諺ヲ授ケ又之ヲ練習ス
語文 讀方		語文教程第五卷ヲ終ル
語文 書取作文・語文法		文典教科書二卷ヲ授ケタル
地理歷史	四	氣壓ノ變化、氣團ノ形成、天氣ト氣候、海水ノ性質、海水溫度、海底、海水ノ運動、地殼、生物地理、緒論
數學 算術		
數學 代數	八	對數　代數學全部了ル
數學 幾何	二	面積ノ比例及軌跡（幾何學完了）
數學 三角	二	直角三角法ノ解法及ヒ其應用問題
物理	六	發電機、電話機、感應コイル、X光線
化學	三	有機化合物アルコール、グリセリン、エーテル
生理衛生	五	神經系、五官器（生理學完了）
圖畫		
典令	六	要務令摘讀復習
術科	二	劍術（四回）部隊教練（四回）器械體操（三回）
備考		第一班ニ同じ

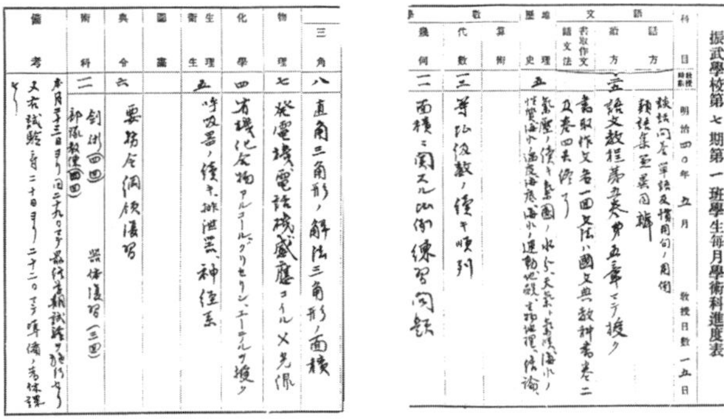

振武學校第七期第一班學生每月學術科進度表

明治四〇年 五月

教授日數 一五日

科目	國語 讀方作文	地理	歷史	算術	代數	幾何
	五	三	五			三

（右側欄外記事・手書）

三角	物理	化學	衛生	圖畫	典令	術科	備考
八	七	四	五		六	二	

（左下文書）

六月中定例報告

振武學校

明治四〇年七月五日

清國學堂監理委員 何印

一、六月中概況
一、六月々報 目錄
一、六月中術科進度表 目錄
一、藥物其ノ他類別患者表及藥物其ノ他類別消費表

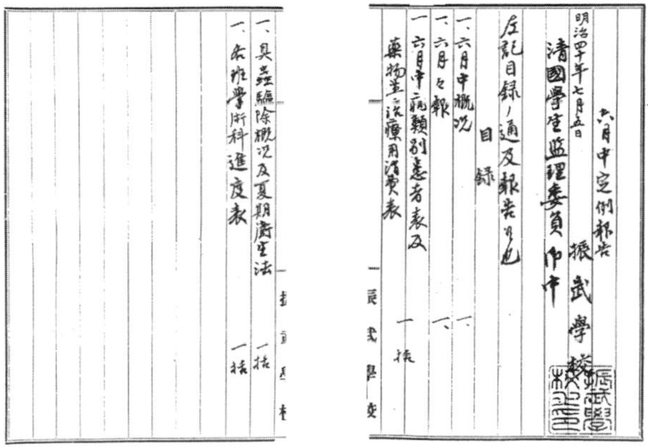

一、具呈編除概況及夏期衞生法 一抵
一、各術學術科進度表 一抵

六月中概況

學生ノ状況

學生ハ概シテ勤勉ニシテ夏季膓氣ヲ催ス
時ニモ開ハラズ何レモ熱誠ニ勉强シテ居リ
新築學生食堂ノ竣成セシヲ以テ本月七日ヨリ同館ニ於テ食事ヲ澤盛セシ
ムルニ至リ目下工事中ノ學生浴場モ近ク落成スルヲ以テ孰レ孰轉ノ工事中ノ學生
浴場以下一同將轉セシム

年業武　本月十日ヲ以テ第七期學生年業證書授與ノ
典ヲ舉ケラル（其狀況ハ績報ノ通ル）々ヘ暑ス

帰國休暇　第七期年業生夏眠現程第六條ニ依リ
來ル七月十五日マテニ帰國休暇ヲ許可セラレシニ以テ本
月一日出發ニ帰國ノ途ニ着ケリ

電燈設置　本月一日ヨリ以テ電燈設備付ノ件ニ認可

―……………………………………

亰亰ヨリ自ク本月水七日ヨリ新築學生食堂ニ其設置
了着手ス

月況談話會　本月ハ各班學期試驗アリシニ以テ
墮タニ庶ノ第一組ノ談話會ヲ舉行セリ

二十七日午后第一時四十分ヨリ第六班甲ノ談話會
二十九日午后八時ヨリ兼七班乙ノ談話會

職員缺勤

病氣缺勤　一日　食監中次郷　　　　會ク開ク
仝　　　　　三日　司計伊藤和雄
仝　　　　　二日　司計助手宮崎亮弥

―……………………………………

學事參觀　清國遊歷官蚤東鈞外二氏本月十七日來校視
察ノ巻ノ來校セルヲ以テ講堂及學生食堂等ヲ案內
セリ

仝　　二日　　　　　　　　　　渡邊政吉
仝　　一日　本月ノ日ヨリ竈場實ヨリ出勤ス　鈴木重義
仝　　古日　　敎授安藤嘉一師
仝　　一日　　醫員ケ磯部清吉
仝　　一日　　書記　福地基憲

―……………………………………

明治四十年六月ノ報　振武學校

名稱	掌監員	敎員	學生	門衛	給仕	小使	炊夫
前月經員	一	二	一六	三九	三	三	一
增員	一		二				
減員		一					
本月總員	一	一	一八	三五七	三	三	一
事休暇				一三			
敎養現入校			五				
著 全退院			二				
現在員	一	一	五	二九〇	三	一一	一

備考

一 增員　掌監員ハ山下段光本貝ノ日書院ヲ爲紀リタルニ依ル

一 減員　敎員一ハ杉山文挾者月三日ヨリ依願解爲ニ依ル

全　學生二六段爲脈願退返及宕媒休暇規程等士備承り

除名セラルルニ依ル

一休暇　事故者

一休暇歸校　學生一二一（珠九外百三十第、歸國休暇ヲ示ス）

五一高爲五外四只、歸校ヲ示ス

一敎養現入院　四八實食鐘外三名ノ入院ヲ示ス

一退院　二八藥鐘音外一名ノ退院ヲ示ス

明治四十年病類別患者表　振武學校

病類別	現罹者	新患者	全治者	死亡者	移退院者	現患者
全身病		五	二			
神經系病		一六	一二		一	四
呼吸器病		一四	二			
循環器病		三四	六三		二	
榮養系病		三三	二六			
泌尿器系及生殖器病		二二	一			
花柳病		五	五		一	
眼病		一				
耳病		二	一			
外被病	一	二	一		一	八

（續）

	現罹者	新患者	全治者	死亡者	移退院者	現患者
運動器病		七	七		一	一
外傷及不慮	一	一	六		二	
兩餘ノ傷病						
合計		一八	一五			

備考

一 長校患者ニ人院スル者ハ八ノ學校事ヨ夫ノ病院新患者トシ本表中ニ計上ス

外傷都其ノ重ト重傷別ニシテ疔ヲ分チ入別ス者計ニ計上ス

六外患ハ學校醫所蔵…

五、蔣介石在校紀錄

振武學校在學學生名簿（1908）

振武學校在學學生名簿　明治四十一年八月十七日調查

	歸國休假	臨時休假	出差片瀨	入學期	姓名
	○			第八期	施承凱
	○			第八期	金　麟
	○			第八期	王靜修
	○			第八期	王興文
	○			第八期	維　欽
	○			第八期	彭士彬
	○			第八期	劉濟橋
	○			第八期	王鳳鳴
	○			第八期	孫學淵
	○			第八期	熙　洽
	○			第八期	劉　楷
	○			第八期	干　珍
	○			第八期	于國翰
	○			第八期	和　順
	○			第八期	林震青
	○			第八期	毛鍾威
	○			第八期	邢士廉
	○			第八期	吉　興
	○			第八期	陳荊玉
	○			第八期	德　山
	○			第八期	應振復
	○			第八期	蘇振中
	○			第八期	丁澄復
	○			第八期	張煥相
	○			第八期	高鍾清
	○			第八期	王靜壽
	○			第八期	于文萃
	○			第八期	李盛唐
	○			第八期	賡　都
	○			第八期	張鑑衡
	○			第八期	楊玉亭

歸國休假	臨時休假	出差片瀨	入學期	姓名
○			第八期	景　雲
○			第八期	德　權
○			第八期	王培元
○			第八期	延　年
○			第八期	趙家棟
○			第八期	王大中
○			第八期	澤　溥
○			第八期	孔繁蔚
○			第八期	孫廣庭
○			第八期	趙鍾奇
○			第八期	劉基炎
○			第八期	金鼎彝
○			第八期	鄒序彬
○			第八期	張子貞
○			第八期	姜梅齡
○			第八期	王裪昌
○			第八期	李剛培
○			第八期	夏尊武
○			第八期	陳　整
○			第八期	潘守蒸
○			第八期	宋式驫
○			第八期	何廷楡
○			第八期	鄭遐濟
○			第八期	張修敬
○			第八期	謝剛德
○			第八期	端木彰
		○	第八期	連　陞
		○	第八期	張敘忠
○			第八期	雷崇修
○			第八期	田宗溟
○			第八期	王昺坤
	○		第八期	郭君實
		○	第九期	梁立巖
		○	第九期	阮　典
		○	第九期	陳有功
○			第九期	解德鄰
○			第九期	尹鳳鳴
○			第九期	湯焱堂
		○	第九期	雷寵錫
○			第九期	陳嘉祐
◎		○	第九期	周炯伯

	歸國休假	臨時休假	出差片瀨	入學期	姓名
◎			○	第九期	戢翼翹
◎			○	第九期	路孝忱
	○			第九期	高　鏡
	○			第九期	孫德馨
	○			第九期	方鼎英
		○		第九期	郭慶藩
		○		第九期	潘祖培
		○		第九期	高冠英
		○		第九期	白寶瑛
		○		第九期	宋　慎
			○	第九期	張履乾
		○		第九期	文　鉅
		○		第九期	党基璋
	○			第九期	田輔基
			○	第九期	王鏡澈
	○			第九期	李興禮
			○	第十期	普　治
			○	第十期	睿　昌
			○	第十期	德　欽
			○	第十期	永　昌
			○	第十期	恩　和
	○			第十期	長　陞
			○	第十期	成　功
	○			第十期	王　�
	○			第十期	曾　超
	○			第十期	吳安伯
	○			第十期	伍毓瑞
	○			第十期	王金鈺
			○	第十期	楊典欽
	○			第十期	龔師曾
	○			第十期	戴作楫
			○	第十期	張帷聖
	○			第十期	鍾毓靈
	○			第十期	楊裕三
			○	第十期	臧式儀
			○	第十期	馮象鼎
	○			第十期	崔振基
		○		第十期	晋延年
			○	第十期	燕書春
			○	第十期	王賡言
	○			第十期	何厚倧

歸國休假	臨時休假	出差片瀨	入學期	姓名
○			第十期	趙慶瀛
○			第十期	歐陽權
		○	第十期	陳　銳
		○	第十期	盛典型
○			第十期	張泰昌
○			第十期	裕　文
○			第十期	奎　山
○			第十期	英　啓
○			第十期	忠　興
		○	第十期	蔭　奎
○			第十期	松　林
○			第十期	劉文明
		○	第十期	吳長琥
○			第十期	李源崑
○			第十期	田執中
○			第十期	齊宝賢
○			第十期	景　有
○			第十期	劉召棠
○			第十期	吳樹榮
○			第十期	宣傳謨
○			第十期	王廷藻
○			第十期	金　秀
○			第十一期	玉　書
○			第十一期	楊錦昌
○			第十一期	蔡昌和
	○		第十一期	狄繼青
		○	第十一期	溥　泉
		○	第十一期	黃秉衡
○			第十一期	王柏齡
○			第十一期	楊允華
○			第十一期	師　韓
○			第十一期	金同壽
○			第十一期	徐　礵
		○	第十一期	雙　奎
		○	第十一期	馬曉軍
		○	第十一期	莫　魯
		○	第十一期	武　銘
		○	第十一期	周用光
		○	第十一期	恒　棟
○			第十一期	申振剛
○			第十一期	邱理孚

	歸國休假	臨時休假	出差片瀨	入學期	姓名
	◯			第十一期	湯華灼
	◯			第十一期	蔣志清
	◯			第十一期	楊　侃
	◯			第十一期	項　鵬
			◯	第十一期	陳玉瑛
	◯			第十一期	韓樹勳
	◯			第十一期	宋　新
			◯	第十一期	紀堪實
			◯	第十一期	長　文
			◯	第十一期	富森泰
			◯	第十一期	鄒燮斌
			◯	第十一期	傅振義
			◯	第十一期	尚　勤
			◯	第十一期	顧　琳
			◯	第十一期	劉保元
			◯	第十一期	朱建章
			◯	第十一期	竹塾厚
			◯	第十一期	吳家鵬
			◯	第十一期	李家驥
			◯	第十一期	李福清

計

歸國休假　百拾五名

臨時休假　拾名

出差片瀨　四拾九名

合計　　　百七拾四名

備考　　　臨時休假者在此之外還有特爾扈杜王一名

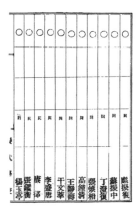

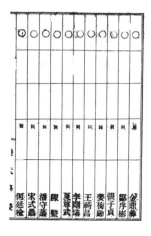

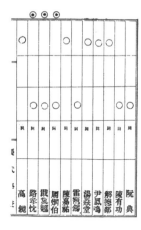

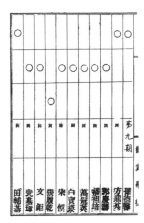

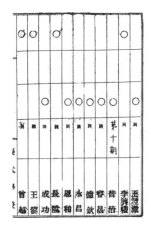

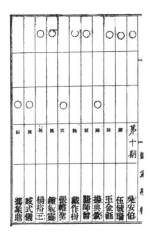

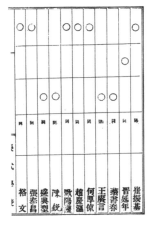

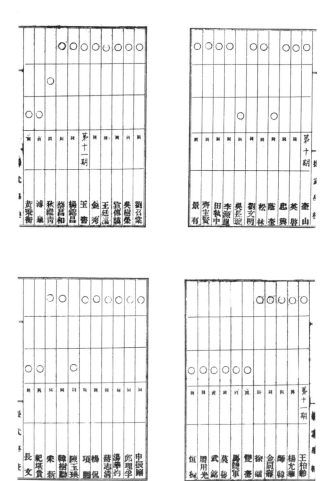

計

歸國休暇　　百拾五名

臨時休暇　　拾名

此瀬出張　　四拾九名

通計　　　　百七拾四名

備考　臨時休暇者ハ外ニ特ニ庵杜工一名ッリ

第十一期

富森泰

孫燮賦

傳援義

閻勤

廬琳

寧俣元

辛連章

竹摯厚

吳家鵲

李家騄

李福清

蔣介石出院紀錄（1910）

日本財團法人東洋文庫藏

明治四十三年　振武學校學生請假入退院轉地療養文件冊

清國學生監理委員

振發第六七號　清■一一二　■■■■

學生離院回校報告

明治四十三年十月十一日振武學校學生監木村宣明

清國陸軍學生監理委員長男爵福島安正殿

第十一期　蔣志清

右兼入院中之處，昨天十日離院返校也

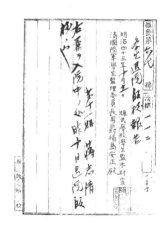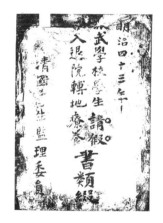

蔣介石畢業成績（1910）

敬啟者：

　　本國留學振武學校學生趙連科等六十二人將屆卒
業，應於貴曆十二月入各聯隊肄習，茲據海陸軍留學生
監督姜思治將該生等希望兵科開表送呈前來，并據申稱
該生趙連科等六十二名均品行端正，志操堅確，用特專
函布達，即希貴大臣轉牒陸軍省查照，俾得如期入隊。
再查歷年振武學校卒業生入聯隊者尚有工兵一科，此次
畢業生亦有三、四名願入工兵科，應請轉牒陸軍省屬振
武學校學監查取各生希望改派工兵科數名，以符舊例，
至為感紉。專此　敬頌

時祉

外務大臣伯爵小村壽太郎閣下

　　　　　　　　　　　大清欽差出使大臣汪大燮

　　　　　　　　　　　宣統二年十月初九日

附表一冊

第二十五號

振武第十一期畢業生希望兵科一覽表

姓名	希望兵科		平均分數
	第一	第二	
趙連科	砲	騎	96
長　文	砲	騎	95
張　犨	砲	騎	95
任居建	砲	騎	93
王柏齡	砲	騎	93
黃宮柱	砲	騎	93
楊錦昌	砲	步	92

姓名	希望兵科		平均分數
	第一	第二	
武　銘	騎	步	92
溥　泉	砲	騎	91
邱理孚	騎	砲	90
湯華灼	步	砲	90
楊　侃	經	砲	90
申振剛	騎	憲	90
黃秉衡	步	騎	90
金同壽	步	砲	89
杜炳章	步	砲	89
項　騅	憲	騎	88
存　壽	騎	砲	88
全　煜	步	砲	88
張為珊	砲	騎	86
陳星樞	砲	騎	86
師　韓	砲	步	85
莫　魯	步	砲	85
富森泰	騎	經	85
承　厚	憲	砲	84
梁志修	步	砲	84
鄒燮斌	步	砲	84
傅振義	步	砲	84
周用光	騎	憲	82
楊允華	步	騎	82
邵金鐸	經	憲	82
楊文田	騎	步	81
恒　棟	憲	步	80
楊鴻昌	經	砲	80
馬登瀛	步	砲	80
唐芬若	步	砲	79
湯顯雋	憲	砲	79
李應生	步	砲	78
陳　韜	騎	砲	78
馬曉軍	步	砲	78
石　傑	騎	砲	77
林振雄	騎	砲	77
雙　奎	步	騎	77
祺　銳	憲	砲	76
明　安	步	騎	76
宣傳謨	步	砲	75
韓樹勳	騎	砲	75

姓名	希望兵科		平均分數
	第一	第二	
宋　新	經	經	75
鍾　義	步	砲	75
劉克厚	步	砲	73
洪陳梟	騎	步	72
白莊文	經	憲	70
閻聚珍	憲	砲	70
夏紹虞	騎	步	69
蔣志清	砲	騎	68
徐　礵	騎	憲	68
慶　善	騎	砲	67
宗　泰	步	騎	67
顧　琳	經	騎	67
李培堯	步	憲	62
斌　文	憲	經	61
尚　勤	騎	憲	60

敬啟者本國留學振武學校學生趙連科等六十二人將屆卒業應於貴曆十二月入各聯隊肄習茲據振海陸軍留學生監督姜思治將誠生等希望兵科開表送呈前來并振申稱故生趙連科等六十二名均品行端正志操堅確用特專函布達即希

貴大臣轉陸軍有查眼俾得如期入隊再查歷年振武學校卒業生入聯隊者尚有工兵一科此次畢業生亦有三四名願入工兵刺應請轉陸軍有屬振武學校學監責

取各生希望政求工兵科數名以蔣蕍倒至為感殺專此敬頌

時祉

外務大臣伯爵小村壽太郎閣下

大清欽差出使大臣　汪大燮

宣統二年十月初九日

附表一冊　　　　　第二十五號

振武第十一期畢業生希望兵科一覧表

姓名	希望兵科 第一	第二	平均點
趙建科	砲	騎	九六
長文輩	全	全	九五
張肇	全	全	九五
任居建	全	全	九三
王柏齡	全	全	九三
黃宮柱	全	全	九三
楊錦昌	全	兵	九二
武錦銘	騎	全	九二

姓名	希望兵科 第一	第二	平均點
薄理泉	砲	騎	九一
邱理孚	騎	砲	九〇
湯華灼	經	全	九〇
楊華侃	步	全	九〇
申振剛	騎	騎	九〇
黃秉衡	步	砲	九〇
金同壽	全	全	八九
杜炳章	全	憲	八九
項雖	憲	騎	八八

姓名	希望兵科 第一	第二	平均點
傅振義	步	憲	八四
周用光	騎	騎	八二
楊九華	步	憲	八二
邱金鐸	經	騎	八一
楊文田	騎	步	八〇
恒文棟	憲	砲	八〇
楊鴻昌	經	全	八〇
馬登瀛	步	全	八〇
唐芬若	全	全	七九

姓名	希望兵科 第一	第二	平均點
存壽	騎	砲	八六
全煜	步	全	八六
張爲珊	砲	騎	八六
陳星樞	全	砲	八五
師曹	憲	砲	八五
莫曹炭	騎	經	八五
富森泰	全	砲	八四
承志唐	步	經	八四
梁志修	步	全	八四
鄧奐諓	全	全	八四

姓名 (各其兵科)	第一	第二	平均點
湯顯篤	憲	全	七九
李應生	步	全	七八
陳鑑	步	全	七八
馬軍	騎	全	七八
石傑	全	全	七八
林振雄	憲	全	七七
雙金	步	騎	七七
祺銳	憲	全	七六
明安	步	騎	七六
宣傳謨	全	砲	七五
韓樹勳	騎	經	七五
宋新義	經	砲	七五
鍾厚	全	經	七三
劉克厚	騎	步	七三
洪陳果	經	憲	七二
白莊文	經	砲	七〇
閻聚珍	憲	步	七〇
夏紹慶	騎	步	六九
蔣志清	砲	騎	六八
徐礦	騎	憲	六八
慶善	全	砲	六七
宋泰	步	騎	六七
顧琳	經	全	六三
李培竟	步	憲	六二
斌文	憲	經	六一
高勤	騎	憲	六〇

蔣介石分發野戰砲兵（1910）

日本外務省外交史料館藏

應加入第十三師團清國陸軍學生人名

明治四十三年十二月五日

入隊隊號	學生種類	出身地	姓名
步兵第十六聯隊	第一種	湖北	湯華灼
步兵第十六聯隊	第一種	福建	黃秉衡
步兵第十六聯隊	第一種	江蘇	金同壽
步兵第十六聯隊	第一種	直隸	全　煜
步兵第十六聯隊	第一種	廣西	莫　魯
步兵第十六聯隊	第一種	廣東	梁志修
步兵第十六聯隊	第一種	湖北	鄒燮斌
步兵第三十聯隊	第一種	福建	傅振義
步兵第三十聯隊	第一種	江蘇	楊允華
步兵第三十聯隊	第一種	直隸	馬登瀛
步兵第三十聯隊	第一種	安徽	李應生
步兵第三十聯隊	第一種	廣西	馬曉軍
步兵第三十聯隊	第一種	直隸	雙　奎
步兵第三十聯隊	第一種	直隸	明　安
步兵第五十聯隊	第一種	安徽	宣傳謨
步兵第五十聯隊	第一種	貴州	鐘　義
步兵第五十聯隊	第一種	陝西	劉克厚
步兵第五十聯隊	第一種	直隸	宗　泰
步兵第五十聯隊	第一種	河南	李培堯
步兵第五十聯隊	第一種	四川	杜炳章
步兵第五十八聯隊	第三種	廣東	楊　侃
步兵第五十八聯隊	第三種	直隸	邵金鐸
步兵第五十八聯隊	第三種	河南	楊鴻昌
步兵第五十八聯隊	第三種	福建	宋　新
步兵第五十八聯隊	第三種	山西	白莊文
步兵第五十八聯隊	第三種	江蘇	顧　琳
步兵第五十八聯隊	第三種	直隸	斌　文
騎兵第十七聯隊	第一種	直隸	武　銘
騎兵第十七聯隊	第一種	湖南	邱理孚
騎兵第十七聯隊	第一種	江蘇	申振剛
騎兵第十七聯隊	第一種	浙江	項　雛
騎兵第十七聯隊	第一種	熱河駐防	存　壽
騎兵第十七聯隊	第一種	直隸	富森泰

入隊隊號	學生種類	出身地	姓名
騎兵第十七聯隊	第一種	直隸	楊文田
騎兵第十七聯隊	第一種	江西	陳 韜
騎兵第十七聯隊	第一種	直隸	石 傑
騎兵第十七聯隊	第一種	廣東	林振雄
騎兵第十七聯隊	第一種	山東	韓樹勳
騎兵第十七聯隊	第一種	河南	洪陳枲
騎兵第十七聯隊	第一種	河南	夏紹虞
騎兵第十七聯隊	第一種	江西	徐 礴
騎兵第十七聯隊	第一種	山西	慶 善
騎兵第十七聯隊	第一種	吉林	尚 勤
野砲兵第十九聯隊	第一種	直隸	趙連科
野砲兵第十九聯隊	第一種	浙江	長 文
野砲兵第十九聯隊	第一種	四川	張 群
野砲兵第十九聯隊	第一種	山東	任居建
野砲兵第十九聯隊	第一種	江蘇	王柏齡
野砲兵第十九聯隊	第一種	廣東	黃宮柱
野砲兵第十九聯隊	第一種	雲南	楊錦昌
野砲兵第十九聯隊	第一種	直隸	溥 泉
野砲兵第十九聯隊	第一種	四川	張為珊
野砲兵第十九聯隊	第一種	河南	陳星樞
野砲兵第十九聯隊	第一種	江蘇	師 韓
野砲兵第十九聯隊	第一種	直隸	承 厚
野砲兵第十九聯隊	第一種	湖北	湯顯雋
野砲兵第十九聯隊	第一種	廣東	祺 銳
野砲兵第十九聯隊	第一種	直隸	閻聚珍
野砲兵第十九聯隊	第一種	浙江	蔣志清
工兵第十三大隊	第一種	湖北	恒 棟
工兵第十三大隊	第一種	湖南	唐芬若
工兵第十三大隊	第一種	陝西	周用光

清國陸軍學生人名（明治三十七年十二月調）

步兵第三十六聯隊（第一種）

出身地	姓名
湖北	馮耿光
福建	貫金
江蘇	金同壽
廣西	梁志煜
廣東	莫志修
江西	全普
福建	邵變試
湖北	傅埔義
江蘇	橋先華

步兵第三十聯隊（第一種）

出身地	姓名
廣西	馬登瀛
安徽	李戀生
江蘇	馬曉軍
廣西	變全
貴州	宜傳誤
安徽	鐘傳義
貴州	劉克厚
陝西	宗元燊
河南	李培泰
四川	杜炳章

步兵第五十聯隊

騎兵第十七聯隊（第一種）

出身地	姓名
江西	陳存嘉
江蘇	石福田
廣東	林振雄
山東	韓樹熊
河南	陳貽泉
江西	夏昭偶
江西	徐碯
山西	慶善

步兵第五十八聯隊（第三種）

出身地	姓名
廣東	楊侃
江蘇	邵金鐸
河南	楊鴻昌
山西	白莊文
福建	宗新
江西	頤文
江蘇	武
湖南	戎
江蘇	福文
浙江	項塊剛

部隊	種別	省別	姓名
工兵第十三大隊	第一種	陝西	周周光
同	同	湖南	詹若
同	同	湖北	蔣志棟
同	同	浙江	蔣志清
同	同	江蘇	閻汲珍
砲兵第十九聯隊	同	廣東	祺銳
同	同	湖北	湯頭高
同	同	直隸	承厚
同	第一種	江蘇	韓師韓

部隊	種別	省別	姓名
野砲兵第十九聯隊	第一種	吉林	南勁
同	同	直隸	趙連科
同	同	浙江	張良文
同	同	四川	張居群
同	同	山東	汪柏建
同	同	江蘇	王相鈴
同	同	廣東	黃官柱
同	同	官伯	楊銘昌
同	同	直隸	張為祈
同	同	四川	陳濤程
同	同	河南	陳星程

參、野戰砲兵第十九聯隊
相關史料

一、野戰砲兵訓練流程

陸軍教育史（1899）

日本防衛廳防衛研究所圖書館藏

明治元年—四十四年

陸軍教育史　附錄草案

陸軍諸生徒、兵教、團隊長

〔明治三十二年〕

野戰砲兵下士、上等兵候選生教學課程表

修業期限＼課程		學科			術科		
		科目	程度	授課次數	科目	程度	授課次數
第一學年度	四月一日至九月三十日	陸軍禮儀	教學時依順序擴大教令的教學範圍，以求對全面課程大要的掌握	32	徒步個別操練	對即將成為上等兵，熟練擔任新兵教育助教者之必要項目	52
		軍隊內務			體操		
		守衛服務規則			單砲操作法		
		陸軍懲罰令			瞄準法		
		陸軍刑法			馬術		
		野戰砲兵訓練	重點講解上等兵勤務的注意事項	68	測圖	地圖閱讀道路測量	20
		野戰砲兵射擊示範					
		野戰砲兵工作示範					
		馬術示範					
		體操示範					
		包裝裝載示範					
		野外要務令					
		砲兵學課程					
		軍制提要					
		測量課程	到道路測量部分為止	16			
		數學課程上卷	四則運算等	28			
授課次數總計		144			72		
		216					

課程／修業期限	學科 科目	學科 程度	學科 授課次數	術科 科目	術科 程度	術科 授課次數
第二學年度　十二月一日至九月三十日	野戰砲兵操典	以去年度學為基礎，並求擴充深度。重點講解初級下士勤務的注意要項	116	徒步成列操練	培養將來成為教育士兵之下士應具有的程度為訓練標準	80
	野戰砲兵射擊示範			體操		
	野戰砲兵工作示範			單砲操作法		
	馬術示範			瞄準法		
	體操示範			馬術		
	包裝裝載示範			馱馬訓練		
	野外要務令			運輸訓練		
	砲兵學課程			包裝裝載法		
	軍制提要	重點講解初級下士勤務的必要事項	30	距離測量	熟練測量器的用法	16
	輓馱馬調教示範					
	馬學課程			野外工作	指示在現地的作業實施	16
	圖畫學課程					
	測量學課程	到課程結束為止		測圖	目測繪圖繪製略圖	36
	軍人衛生學課程					
	記表	能正確地記錄	10			
	數學課程上卷	分數、小數、單複比例	32			
授課次數總計	218			148		
	366					

野戰砲兵下士、上等兵候選生教學課程表

修業期限	學科 科目	學科 程度	學科 授課次數	術科 科目	術科 程度	術科 授課次數
第三學年度 十二月一日至翌年九月三十日	野戰砲兵操典 野戰砲兵射擊示範 野戰砲兵工作示範 馬術示範 包裝裝載示範 野外要務令 砲兵學課程 軍制提要 輓馱馬調教示範 馬學課程	以上一年度的教學為基準，並求程度提升，以增進應用能力	90	徒步部隊操練 單砲操作法 馬術 馱馬訓練 距離測量	較上一年更精益求精	50
	記表	能迅速、正確地記錄	10	野外工作		20
	圖畫學課程	到課程結束	20	製圖	放大及縮寫法	24
	軍用文章	命令、報告、通報等文例	25			
	數學課程上卷	利息的計算、平方、立方	30			
	應用作業	前述訓練、示範及野外要務令的應用	36			
授課次數總計	211			94		
	305					

備考

（一）授課時間原則上一次一小時，但可依教學上的便利而增減。

（二）授課次數以最低限度為準則，因此各隊需依勤務的繁簡而增加次數。

（三）各年度的數學課程，得依一般候選生的程度，依序教學。但程度較佳者，得依教官評定，免修該科的課程。

（四）訓練、野外要務令等要盡可能依現場情況適時調整教學。

（五）除本表所列科目外，可依學生程度，於合適的時間補上習字課。

野戰砲兵一年的教學課程表

科別 / 年次 / 學期		術科		學科	
		第一年兵	第二及第三年兵	第一年兵	第二及第三年兵
第一期	十二月上旬至三月下旬	徒步操練 體操 砲彈操作法 瞄準法 手槍的用法及射擊 部隊操練（中隊） 野外演習	徒步操練 體操 砲彈操作法 瞄準法 手槍的用法及射擊 部隊操練（中隊） 野外演習 馬術 馭馬訓練	敕諭 認字 各種兵的識別及性能 聯隊編制概要 上司的姓名 武官的階級及制服 勳章的種類及頒發原由 軍隊內務書摘要 陸軍禮儀摘要 陸軍刑法、懲罰令摘要 武器、騎馬具、馱馬具 服裝、配備的名稱、 裝置法及維修法 馬各部位的名稱、 照料及飼養法 彈藥及火器的種類、使 用方法及其效用 野外要務令摘要	第一年兵第一、二期的科目
		聯隊長檢閱			
第二期	至七月下旬	複習第一期的科目 部隊操練（大隊） 馬術 馭馬訓練 工藝 游泳及水上馭馬術	複習第一期的科目 部隊操練（大隊） 工藝 游泳及水上馭馬術	複習第一期的科目 衛兵勤務 輓馬具的名稱、 裝置法及維修法 馬學摘要 手工物名稱及構造 焊工摘要 紅十字條約大意 急救法概要 聯隊歷史大要	第一年兵第一、二期的科目
		聯隊長檢閱			
第三期	至十月中旬	第一、二期的科目 部隊訓練（聯隊） 射擊	第一、二期的科目 部隊訓練（聯隊） 射擊	第一、二期的科目	第一年兵第一、二期的科目
		師團長檢閱			
第四期	至十一月下旬	秋季演習			

備考

一、第一期時，野砲兵可以教馬術，山砲兵可以教馭馬術。

二、野砲兵第一年教學以第一期、第二期的部隊操練及野外演習為主
軸，馭馬術不在教授課程之內。

三、北海道、弘前及金澤聯隊的教學是第一、第二期合起來上，第一期的檢閱於四月進行。

四、二、三年級兵可同時學游泳、水中馭馬術及划船。

五、瞄準手的選拔可於射擊演習前就舉行，不須待學期結束。

六、第三期的射擊可於第四期進行。

七、砲兵旅團第三期的檢閱可由該旅團長主考。

八、三年級兵可選擇適當時機，教授馬上持槍操作法及射擊。又手槍射擊可延後於第二或第三期施行。

砲兵運輸兵教學課程表

學期 \ 科別		術科	學科
第一期	二個月	徒步操練 （個別及成列操練） 體操 包裝 裝載 運輸訓練	敕諭 認字 各種兵的識別、性能 團隊編制概要 上司的姓名 武官的階級及制服 勳章的種類及頒發原由 軍隊內務書摘要 陸軍禮儀摘要 陸軍刑法、懲罰令摘要 武器、車輛、馱馬具、輓馬具、 服裝配備的名稱、裝置法及維修法 馬各部位的名稱、照料及飼養
		聯隊長檢閱	
第二期	二個月	複習第一期的科目 裝砲法 野外演習	複習第一期的科目 野外修理車輛法摘要 彈藥、火器的種類及使用方法 野外要務令摘要 衛兵勤務摘要
		聯隊長檢閱	
備考		包裝裝載示範中，包裝、裝載作業以彈藥列隊及大行李為限，砲彈操作法是為訓練可暫時遞補之野砲、山砲砲手。	

第一砲兵補充兵教學課程表（野戰砲兵隊）

科別／學期	術科	學科
三個月	徒步操練 （個別及成列訓練） 體操 砲彈操作法 瞄準法 馬術（初級） 部隊操練 野外演習	敕諭 認字 各兵種的識別及性能 團隊編制概要 上司的姓名 武官的階級及制服 勳章的種類及頒發原由 軍隊內務書摘要 陸軍禮儀摘要 陸軍刑法、懲罰令摘要 武器、乘馬具、駄馬具、服裝配備的名稱、裝置法及維修法 馬各部位的名稱、照料及飼養法 彈藥、火器的種類、使用方法及其效用的大意 野外要務令摘要 衛兵勤務 紅十字條約大意 急救法概要
	聯隊長檢閱	
備考	一、山砲隊的馬術課程省略，但要施予山砲操作法訓練。 二、野砲部隊訓練只以砲手課業為要。	

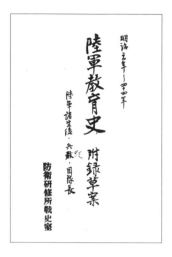

二、蔣介石在聯隊紀錄

野戰砲兵第十九聯隊歷史（部分）

日本防衛廳防衛研究所圖書館藏

野戰砲兵第十九聯隊歷史

明治三八、四、一 —— 大正一四、五、一

凡例

聯隊歷史所記載的內容大致如下：

一、將校及相當等級的官員（包括士官候補生）之敘
　　級、敘勳、晉級、賞罰、輪調、派遣等。

二、准士官以下者之敘級、敘勳、勤功章，得到旅團長
　　以上之褒揚者、被處刑者、在隊中死亡者，以及其
　　他類似情況者。

三、准士官、下士兵、馬匹的增減出入，以及擔任勤務
　　演習者的人員。

四、戰役經過的概要。

五、檢閱演習等經過的概要。

六、兵營的搬遷、增建、改建等主要事項以及天災、火
　　災等。

七、兵器、服裝等裝備上主要的改變。

八、上述以外的事項。

野戰砲兵第十九聯隊歷史

創立

　　明治三十八年四月一日　於第四十三動員的第一
日，創立野戰砲兵第十九聯隊。

在此之前，明治三十七年〔日本〕帝國與俄國開啟戰端，於這一年二月十日宣戰。

宣戰詔書

保有天佑、萬世一系的大日本帝國皇帝告示汝等忠實、勇敢的眾民：

朕在此對俄國宣戰。陸海軍宜竭盡全力與俄國交戰，文武百官宜各盡其職，發揮其權能，竭力達到國家的目標。希望在國際規約的範圍內盡其所能，以求無憾。

為求在和平的狀態下追求文明，並敦睦邦交，以保東亞的永安，不致損傷各國的權益，確保帝國將來的安全，朕素來將此引以為國交的要義，日夜不敢違，朕之百官亦能體恤朕意，因此與列國逐年親善。今不幸與俄國起發生嫌隙，豈是朕意呢？保全韓國向來是帝國所重視，這不僅是基於兩國累世的關係，非一日之計，再則，韓國的存亡實關係帝國的安危。但俄國罔顧與清廷的約定，以及對列國屢次的宣言，依然佔據滿洲，逐步鞏固其地位，最後卻將其併吞。若滿洲歸俄國所有，就無力再保韓國，遠東的和平更不可望了。故朕趁此機會，誠懇與其妥協，希望解決時局，以永久維持和平。遂令屬官向俄國提議，歷時半年之久，屢次折衝，但俄國卻完全不以友讓精神相待。曠日彌久，徒然延誤時局的解決。表面上提倡和平之道，背地裡卻擴充海、陸軍備，欲使我屈服。大抵俄國自始就毫無和平的誠意。俄國既不接受帝國的提議，韓國的安全遂日益危急，帝國的利益將受到侵犯壓迫。事既已至此，帝國依和平的交

涉不可得，對將來的保障今日只能求諸旗鼓之間。

　　朕依賴汝等忠實、勇敢的眾民，希望盡速永遠恢復和平，以保全帝國的榮耀。

　　　　　　　　　　　　　　　明治三十七年二月十日

　　受此詔書，帝國轉成軍國態勢，普天之下無人不感振奮。我陸海軍不論在海上或陸上，都擊潰號稱世界最大的強國俄國的艦隊及陸軍，國民皆熱心投身後援。

　　陛下的威嚴照耀四海，臣民的士氣有吞宇內之慨。此時，因應戰局的需要，遂於明治三十八年三月三十一日發布第四十三動員令。作為新設第十三師團（師團長為陸軍中將原口兼濟）的砲兵，我聯隊隨即便實施動員。

　　聯隊本部、第二大隊本部及第五中隊（山砲）編入留守第八師團（弘前），其職員為：

聯隊長	陸軍砲兵中佐	飛松寬吾
聯隊副官	陸軍砲兵大尉	中村松代
聯隊附	後備役陸軍一等軍醫	松田準
聯隊附	預備實習醫官	福澤喜一郎
聯隊附	後備役陸軍二等獸醫	及川太平
聯隊附	預備役陸軍三等獸醫	吉田末次郎
聯隊附	陸軍三等主計	富田熊太郎
第二大隊長	陸軍砲兵少佐	宮澤貞次郎
第二大隊副官	陸軍砲兵中尉	島野格
第五中隊長	陸軍砲兵大尉	小野茂幸

第五小隊長	陸軍砲兵少尉	平田恆五郎
第五小隊長	陸軍砲兵少尉	池永武雄
第五小隊長	預備役陸軍砲兵少尉	町野重猛
中隊附	預備役砲兵特務曹長	安齋武兵衛

第一大隊本部及第一中隊（野砲）編入坐鎮京畿的留守近衛師團（東京），其職員為：

第一大隊長	陸軍砲兵少佐	山縣松之助
第一大隊副官	陸軍砲兵中尉	櫻井養秀
第一中隊	陸軍砲兵大尉	川崎德重
小隊長	預備役砲兵中尉	植松考昭
小隊長	陸軍砲兵少尉	古賀一
小隊長	預備役砲兵少尉	高木次郎
中隊附	預備役特務曹長	藤田鉦藏

第二中隊（野砲）編入留守第一師團（國府台），其職員為：

中隊長	陸軍砲兵大尉	宮村九三郎
小隊長	陸軍砲兵中尉	仁禮三次
小隊長	預備役砲兵少尉	淡海晉
小隊長	預備役砲兵少尉	蓑島三次郎
中隊附	預備役砲兵特務曹長	鈴木鐵太郎

第三中隊（野砲）編入留守第二師團（仙台），其職員為：

中隊長	陸軍砲兵大尉	兩角三得
小隊長	陸軍砲兵少尉	齋藤忠吉
小隊長	陸軍砲兵少尉	岡元三郎
小隊長	預備役砲兵少尉	志賀益美
中隊附	預備役特務曹長	片平文彌

第四中隊（野砲）編入留守第三師團（名古屋），其職員為：

中隊長	陸軍砲兵大尉	武田雄次郎
小隊長	陸軍砲兵少尉	宮川宇三郎
小隊長	預備役砲兵少尉	伊藤豬太郎
小隊長	陸軍砲兵少尉	三浦真多雄
中隊附	陸軍特務曹長	左合隆吉

第六中隊（山砲）編入留守第九師團（金澤），其職員為：

中隊長	陸軍砲兵大尉	新納巖
小隊長	預備役砲兵中尉	柳原泰藏
小隊長	陸軍砲兵少尉	富田毅
小隊長	陸軍砲兵少尉	清水直
中隊附	預備役砲兵特務曹長	安達貢

動員完畢

　　明治三十八年四月十日，各本部各中隊於編成地動員完畢，聯隊全隊成立（第一大隊編成四個中隊，第二大隊編成二個山砲中隊）。

明治三十八年四月二十一日，發布公告如下：

　　告野戰砲兵第十九聯隊官兵：本聯隊於日俄戰爭第二年的四月一日，於大日本帝國陸軍成立。我受命任聯隊長之職，將與各位同行。我等已置身於空前的軍國，不僅身為軍人，亦屬此時所新設部隊的創立者，這是何等的光榮。

　　仰觀我陸軍往日如甲午戰爭、義和團之役，戰績輝煌固不待言，如今的懲俄出征之戰，其偉勳宏業實在是曠古以來的壯烈，使國家的光榮照耀於四海。而俯察我聯隊之未來，在大旗下進行這場戰役，不用說，最終必然大勝，確保我帝國二千五百餘年未曾有外族入侵的歷史記錄，以及萬壽無疆之祚的使命。

　　然而，我聯隊身為帝國陸軍的一大新勢力，為了不讓已立下數次戰功的部隊羞於與我等為伍，再則，也為了往後的後繼者也能以我等為學習榜樣，因此我和各位在深感無上的光榮之同時，也感覺擔負責任之重大，雖日夜孜孜不息、奮勵努力，然恐仍不能勝任。何況現在戰局未明，需要以堅定不拔的精神、勇敢不屈的行動，對上回應陛下的聖旨，對下報答國民的後援。我與各位異體同心，以此共勉。

　　於弘前　　野戰砲兵第十九聯隊長　　飛松寬吾

明治四十三年十二月二日

　　清廷陸軍學生第一種　　　　　趙連科

　　同　　　　　　　　　　　　　長　文

　　同　　　　　　　　　　　　　張　群

　　同　　　　　　　　　　　　　任居建

　　同　　　　　　　　　　　　　王柏齡

　　同　　　　　　　　　　　　　黃宮柱

　　同　　　　　　　　　　　　　楊錦昌

　　同　　　　　　　　　　　　　溥　泉

　　同　　　　　　　　　　　　　張為珊

　　同　　　　　　　　　　　　　陳星樞

　　同　　　　　　　　　　　　　師　韓

　　同　　　　　　　　　　　　　承　厚

　　同　　　　　　　　　　　　　湯顯雋

　　同　　　　　　　　　　　　　祺　銳

　　同　　　　　　　　　　　　　閻聚珍

　　同　　　　　　　　　　　　　蔣志清

　　右入隊

明治四十四年五月二十三日　陸軍砲兵二等兵　一

明治四十四年六月一日　　　陸軍砲兵軍曹　　一名

明治四十四年六月一日

清廷陸軍學生	趙連科
同	長　文
同	張　群
同	任居建
同	王柏齡
同	黃宮柱
同	楊錦昌
同	溥　泉
同	張為珊
同	陳星樞
同	師　韓
同	承　厚
同	湯顯雋
同	祺　銳
同	閻聚珍
同	蔣志清

右晉升砲兵上等兵階級

| 明治四十四年八月一日 | 後備役士兵 | 二九二名 |
| 清廷陸軍學生 | 趙連科 | 等一六名 |

右晉升陸軍砲兵伍長階級

明治四十四年十月一日

　　士官候補生　　　　　　　　沼田謙

　　　　同　　　　　　　　　　小笠原保太郎

　　　　同　　　　　　　　　　高橋茂壽慶

　　　　同　　　　　　　　　　永久保諦一郎

　　　　同　　　　　　　　　　鈴木幸助

　　清廷陸軍學生　　　　　　　趙連科

　　　　同　　　　　　　　　　長　文

　　　　同　　　　　　　　　　張　群

　　　　同　　　　　　　　　　任居建

　　　　同　　　　　　　　　　王柏齡

　　　　同　　　　　　　　　　黃宮柱

　　　　同　　　　　　　　　　楊錦昌

　　　　同　　　　　　　　　　溥　泉

　　　　同　　　　　　　　　　張為珊

　　　　同　　　　　　　　　　陳星樞

　　　　同　　　　　　　　　　師　韓

　　　　同　　　　　　　　　　承　厚

　　　　同　　　　　　　　　　湯顯雋

　　　　同　　　　　　　　　　祺　銳

　　　　同　　　　　　　　　　閻聚珍

　右晉升陸軍砲兵軍曹階級

明治四十四年十一月十日

　　清廷陸軍學生　　　　　　　　張　群

　　　　同　　　　　　　　　　　陳星樞

　　　　同　　　　　　　　　　　蔣志清

　右因事故而退隊

明治四十四年十一月十一日

　　清廷陸軍學生　　　　　　　　趙連科

　　　　同　　　　　　　　　　　長　文

　　　　同　　　　　　　　　　　任居建

　　　　同　　　　　　　　　　　王柏齡

　　　　同　　　　　　　　　　　黃宮柱

　　　　同　　　　　　　　　　　楊錦昌

　　　　同　　　　　　　　　　　溥　泉

　　　　同　　　　　　　　　　　張為珊

　　　　同　　　　　　　　　　　師　韓

　　　　同　　　　　　　　　　　承　厚

　　　　同　　　　　　　　　　　湯顯儁

　　　　同　　　　　　　　　　　祺　銳

　　　　同　　　　　　　　　　　閻聚珍

　右因事故而退隊

野戰砲兵第十九聯隊將校及同等級官准士官職員表
明治四十三年十二月一日調查

聯隊本部	大隊號	大隊本部	中隊號	中隊長	中隊附		特務曹長
					中尉	少尉	
聯隊長 大佐　飛松寬吾 副官 大尉　宮岡誠 聯隊附 中佐　金竹彌三彥 少佐　秋山豐平 大尉　前田求吉 大尉　岡本虎彥 大尉　福山也 （射擊組） 中尉　水谷清 一等主計　和田重成 三等主計　大內球三郎 一等軍醫　比留間真造 三等軍醫　武石惟清 一等獸醫　長尾和賀 三等獸醫　口高萬壽夫 上等工長　大島幸次郎	I	少佐 久米四郎	1	大尉 小野茂幸	北村弌 高野康 高橋伍助		金子 吉助
			2	大尉 宮村九三郎	齋藤忠吉 蓑島三次郎 （馬隊組）	加藤精一 （砲隊組）	倉川 乙吉
			3	大尉 兩角三得	永山三四郎 高橋確郎 田中茂美 （砲隊組）		日下 慶太郎
	II	少佐 稻枝豐成	4	大尉 角廉吉 （射擊組）	達谷窟靖 吉元吉太郎 福元武人		左合 隆吉
			5	大尉 新納巖	內藤喜三郎 小山田三郎 鎌田千代 三郎		米澤 留之助
			6	大尉 前田稔	鮫島泰輔 吉田彥一 成田良亮	柴田清 （砲隊組）	松本 七三郎

野戰砲兵第十九聯隊下士職員表

明治四十三年十二月一日調查

聯隊本部		第一大隊		第二大隊	
曹長（文書）	阿部篤藏	本部 軍曹（文書）		本部 軍曹（文書）	
軍曹（文書）	笠井駒之助		瀧田嘉代吉		井上耕作
軍曹（喇叭）	西內龜五郎	軍曹（燈火）		軍曹（燈火）	
軍曹（炊事）	小笠原菊太郎		井上耕作		五十嵐善二
一等主計	千田留誠	1 曹長	兩宮良平	曹長	井場長良
三等主計	諏訪桓治	軍曹	松本平藏	軍曹	加藤茂
一等鞍工長	寺崎梅三郎	軍曹	齋藤作治	軍曹	黑井信作
三等鞍工長	堀田太三郎	軍曹	勝山高治	軍曹	五味長吉
二等木工長	伊藤盛次郎	軍曹	伊勢崎常五郎	伍長	二田見戶一
二等鍛工長	長谷川藤吉	軍曹	田中重利	伍長	小林子之吉
三等鍛工長	上原林作	伍長	佐藤清彌	伍長	阿部菊三郎
三等看護長	小松正直	2 曹長	近山謙吉	曹長	白石敬田良
一等蹄鐵工長	加藤辰次郎	軍曹	狛谷岩吉	軍曹	鹽屋信右衛門
二等蹄鐵工長	藤田文藏	軍曹	大西清佐	軍曹	齋藤藤治
三等蹄鐵工長	村岡豊治	伍長	笠原正人	伍長	橫森源三郎
		伍長	目崎作藏	伍長	鶴卷廣之助
		伍長	五味軍平	伍長	小林廣志
		伍長	大久保大藏	伍長	五十嵐鐵吉
		3 曹長	山野藤一	曹長	牛田貞經
		軍曹	池田壽太郎	軍曹	大橋龜治
		軍曹	三浦博見	伍長	凡田五郎吉
		軍曹	鈴木七藏	伍長	田邊勝藏
		軍曹	小池忠五郎	伍長	五十嵐儀郎
		伍長	吉川助治	伍長	伊藤國藏
		伍長	永井清右衛門	伍長	佐藤為治

野戰砲兵第十九聯隊將校及同等級官准士官職員表

明治四十四年十二月一日調查

聯隊本部	大隊號	大隊本部	中隊號	中隊長	中隊附		特務曹長
					中尉	少尉	
聯隊長 大佐　　飛松寬吾 副官 大尉　　宮岡誠 （射擊組） 聯隊附 少佐　　久米四郎 少佐　　柴岡正樹 大尉　　前田求吉 大尉　　岡本虎彥 大尉　　福山也 一等會計　和田重成 三等會計　大竹亥八 一等軍醫　比留間真造 三等軍醫　武石惟清 一等獸醫　長尾和賀 三等獸醫　衡山集市 上等工長　大島幸次郎	I	大隊長 少佐 秋山豊平 副官中尉 鮫島泰輔	1	大尉 小野茂幸	北村弍 高橋伍助		金子 吉助
			2	大尉 宮村九三郎（射擊組）	高野康 蓑島三次郎	加藤精一 黑澤正三 （砲隊組）	倉川 乙吉
			3	大尉 兩角三得	永山三四郎 高橋確郎	柴田清 桐馬勝美 （砲隊組）	日下 慶太郎
	II	大隊長 少佐 稻枝豐成 副官中尉 內藤喜三郎	4	大尉 角廉吉	達谷窟靖 吉元吉太郎 福元武人		左合 隆吉
			5		水谷清 小山田三郎 （騎隊組） 鎌田千代 三郎		米澤 留之助
			6	大尉 前田稔	吉田彥一 成田良亮 田中茂美	白倉司馬太 （砲隊組）	松本 七三郎

野戰砲兵第十九聯隊下士職員表

明治四十四年十二月一日調查

聯隊本部		第一大隊			第二大隊		
曹長	阿部篤藏	本部	軍曹	吉田溫	本部	軍曹	橫森源三郎
軍曹	瀧田嘉代吉		軍曹	井上耕作		伍長軍曹	本臼與三治
軍曹	三浦博見	1	曹長	松本平藏	4	曹長	雨宮良平
一等主計	千田留誠		軍曹	勝山高治		軍曹	黒井信作
二等主計	櫻井貞作		軍曹	伊勢崎常五郎		軍曹	小林子之吉
三等縫工長	及川繁太郎		軍曹	佐藤清彌		軍曹	阿部菊三郎
二等靴工長	■信行		軍曹	小林廣志		軍曹	仁田見戸一
一等看護長	小松正直		伍長	辻辰藏		伍長	關澤留治
一等鞍工長	寺崎梅三郎		伍長	小林照三		伍長	伊藤春藏
三等鞍工長	上原林作	2	曹長	近山謙吉	5	曹長	白石敬田郎
一等木工長	大島菊治郎		軍曹	五味軍平		軍曹	小笠原菊太郎
三等木工長	横澤松治郎		軍曹	目崎作藏		軍曹	齋藤藤治
一等鍛工長	長谷川藤吉		軍曹	笠原正人		軍曹	鶴卷寅之助
二等鍛工長	堀田太三郎		軍曹	大久保大藏		軍曹	五十嵐鐵吉
二等蹄鐵工長	藤田大藏		伍長	梅澤悦太郎		伍長	永原正雄
二等蹄鐵工長	村岡豊次		伍長	小川七郎		伍長	芝桂七
三等蹄鐵工長	杉田吉平	3	曹長	小野藤一	6	曹長	笠井駒之助
			軍曹	鈴木七藏		軍曹	鹽屋信右衛門
			軍曹	小池忠五郎		軍曹	五十嵐儀郎
			軍曹	吉川助治		軍曹	伊藤國藏
			軍曹	永井清右衛門		軍曹	佐藤為治
			伍長	中村惠		伍長	武井今朝松
			伍長	三田喜八郎		伍長	羽深信吉

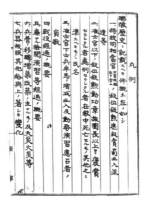

八、右ノ外慮ルヘキ事項

野戰砲兵第十九聯隊歷史

創立

明治三十八年四月一日　第四十三聯隊ノ第一中隊ヲ以テ野戰砲兵第十九聯隊ヲ創立ス

是ヨリ先キ明治三十七年帝國ハ露國ト釁ヲ啓キ其二月十日戰ヲ宣セラル

宣戰詔勅

天佑ヲ保持シ萬世一系ノ皇祚ヲ踐メル大日本帝國皇帝ハ忠實勇武ナル汝有衆ニ示ス

朕茲ニ露國ニ對シテ戰ヲ宣ス朕カ陸海軍ハ宜ク全力ヲ極メテ露國ト交戰ノ事ニ從ヒ朕カ百僚有司ハ宜ク各其ノ職務ニ率ヒ其ノ權能ニ應シテ國家ノ目的ヲ達スルニ努力シ凡ソ國際條規ノ範圍ニ於テ一切ノ手段ヲ盡シ遺算ナカラシムルコトヲ期セヨ

惟フニ文明ヲ平和ニ求メ列國ノ交誼ヲ篤クシ以テ東洋ノ治安ヲ永遠ニ維持シ各國權利利益ヲ損傷セサルト共ニ永ク帝國安全ノ將來ヲ保障スヘキ事宜ヲ要義トシ是レ曩ニ朕カ有司ヲ諭シ事ヲ列國ト交ルヤ孜孜トシテ茲ニ出テサルハ無シ列國モ亦能ク朕カ意ヲ體シ東洋ノ平和ヲシテ常ニ列國保全ノ一端ニ維持セシヨトニ違フコトナカリキ然ルニ露國ハ其ノ清國トノ明約及列國ニ對スル累次ノ宣言ニ拘ハラス依然トシテ滿洲ニ占據シ益々其ノ地步ヲ鞏固ニシ終ニ之ヲ併呑セムトス若シ滿洲ニシテ露國ノ領有ニ歸セム乎韓國ノ保全ハ支持スルニ由ナク東洋ノ平和亦素ヨリ望ムヘカラス故ニ朕ハ此ノ際尚ホ妥協ニ由テ時局ヲ解決シ以テ平和ヲ恆久ニ維持セムコトヲ期シ

有司ヲシテ露國ニ提議シ半歳ノ久キニ亙リ屢次ニ折衝ヲ重ネシメタルニ露國ハ一モ交讓ノ精神ヲ以テ之ニ迎フルコトナク徒ニ時局ノ解決ヲ遷延セシメテ以テ陸海ノ軍備ヲ增大シ以テ我ヲ屈從セシメムトス露國ハ始メヨリ平和ヲ好マサルコト茲ニ明ナリ露國ノ提議スル所悉ク誠意ナク我ニ危急ノ四ト隣ノ禍患トヲ遺スヲ免レス帝國ハ露國ニ提議スルヿ凡ソ將ニ帝國ノ利益ト至上ノ安全ヲ危クセムトス朕カ百般ノ事既ニ至レリ今ヤ帝國ハ與ニ利アル帝國ノ幽約ヲ將シ侵迫セムトスヿヲ至レリ今ヤ帝國ノ平和ニ事ヲ交渉ニ依リテ求メムトシテ求ムヘカラス保障ハ今日ノ之ヲ獺鼓剛ニ求メ朕ハ汝有衆ノ忠實勇武ニ倚頼シ速ニ平和ヲ永遠ニ克復シ以テ帝國ノ光榮ヲ保全セムコトヲ期ス

明治三十七年二月十日

此ノ詔勅ノ拜シ帝國ノ態勢ハ一移シテ昔ノ率土ニ論ス我ガ陸海軍ハ海ニ陸ニ世界ノ最大强國ト接セムトス感畣ヲセサラシメ

【右上】

り、九 嘉明ノ継続及ヒ産業ヲ学破シ國民ハ後援ニ事業熱

中シ

陛下ノ御稜威ハ四表ニ輝キ臣民ノ士氣宇内ニ昂シ慨ニ此時

方ヒ戦備ノ必要ニ明治三十八年三月三十日第四十五勅令ヲ發

令シテ新設ノ第十三師團（師團長陸軍中將原口兼濟）ノ師團

砲兵ヲシテ代へ聯隊ヲ編成シ動員ヲ實施シ

聯隊本部及第二大隊本部及第五中隊（山砲）ハ留守第八師團

（以同）。ニ於テ其職員

全	聯隊長	陸軍砲兵中佐	飛松寛吾
全	聯隊副官	大尉	中州松代
全	聯隊付	後備見習醫官陸軍三等軍醫	及川太平

【左上】

第二大隊本部及第一中隊（野砲）ハ 大其職員

全	第六大隊長	陸軍砲兵少佐	山縣松之助
全大隊副官		中尉	櫻井長秀
全	第五中隊長	少尉	池永武雄
全	中隊付	大尉	野重
全	第五中隊長付	少尉	小野茂幸
全	聯隊副官	陸軍砲兵少佐	宮澤貞次郎
豫備役		少尉	安賀武兵衛
豫備役		陸軍砲兵主計	富田熊太郎
豫備役陸軍二等主計			吉田末次郎

【右下】

第二中隊長		陸軍砲兵大尉	川崎德重
小隊長		豫備役砲兵中尉	植松秀昭
第三中隊（野砲）ハ留守第一師團（國府管下）ニ於テ其職員			
中隊付		特務曹長	藤田龜藏
小隊長		豫備役少尉	鈴木初三郎
全		豫備役少尉	養嶋三次郎
中隊付		中尉	淺海三吉
小隊長		陸軍砲兵大尉	官列九三郎
第五中隊（野砲）ハ留守第一師團（東京）ニ於テ其職員			
中隊付		豫備役少尉	古賀一
小隊長		中尉	仁禮三次
全		豫備役砲兵少尉	高永次

【左下】

第六中隊（山砲）ハ留守第九師團		陸軍砲兵大尉	御屋春藏
小隊長		新納	
全	中隊長	陸軍砲兵大尉	三浦義多雄
豫備役		陸軍砲兵少尉	伊藤端太郎
全	中隊付	特務曹長	左合隆吉
第四中隊（野砲）ハ留守第二師團（仙臺）ニ於テ其職員			
全	中隊長	陸軍砲兵大尉	信川寅三郎
中隊付		豫備役	武田雄太郎
小隊長		少尉	仲平文治
全		豫備役	志賀盈美
全		少尉	岡元一郎
小隊長			齋藤忠吉

令

野戰砲兵第十九聯隊ハ將校以下一般ニ告グ、本聯隊ハ日露戰役第一軍ニ屬シ明治三十八年四月十日ニ本帝國陸軍ニ入リテ其編成ヲ畢ル其編成地ハ於動員完結ス（第九師ノ野砲四中隊第八隊ノ山砲中隊ニ在リ）

四月二十二日此命令ヲ聯隊ニ示達ス

聯隊令ヲ成立ス（第九隊ノ野砲四中隊第八隊ノ山砲中隊ニ在リ）

中隊旗　今　　　清水　直
聯隊旗　蜀須合（輜重監長）安達　貢

小隊長　陸軍砲兵少尉　冨田　敏

勳貨完結

戰功ニ賞シ、保々殊ニ現時露國廟堂ニ此征軍ニ於テ其信勳宏韓ニ至リ實ニ疆古ニ亙リ四表ニ發揮シテレテ、將ニ國光ヲ發ス大象ニ下ニ在リ、現戰投ヲ以テ局ヲ大勝ノ役得タリ、勾韻紀元以テ後一千五百有餘年全寬韻年光榮ヲ以爲ス帝國ノ永遠色無類

信攜ス、今任務ヲ賦フヘキナラク、然リ而シテ此帝國ニ一人ノ新勢力タル式聯隊トシテ數次戰功ヲ有ル部隊ヲ伍ニ取リテ又武威聯隊ヲ後繼有リテ其前ニ有ル、本ノモノヲ予ガ馬ニ鳥々ス、予ニ諸子ヲ小象為ス勵ルニ六、文重大ノ責ヲ任スル况ヲ以テ至ランラン恐ルル况ニ予ガ現以上以テ優為ル亀鑑タリ

以奧上先諸子何ノ鉄勵努力セルモニ至ランニハ確固不抜ノ精神ヲ持シ勇敢不任前途ノ尚邁ヲ達ルノ確固不抜ノ況勢島行動、賴リ以ス上陸下ノ聖音

サレ可カラス予ト異群同心元錯子ヲ支ヘ海ヲ勉ルモ於弘前　野戰砲兵第十九聯隊長　飛松寬吾

集中

清國陸軍學生第一期
趙連科
長文
師鵑
承序
馮駒鳥
張群　王柏齡
仙居
楊貞甲
楊錚昌　黃信牲
閻鼎珍
孫亮珊
陳星樞
馮忠清

右入隊

令

明治四十四年五月二十三日
陸軍砲兵曹長　一

清國陸軍學生
趙連科
長文

令

二月一日
陸軍砲兵曹長　一名

清國陸軍學生
長文

野砲兵第十九聯隊將校同相當官進退職員表　明治三十五年十二月二日調

	大隊本部 中隊本部	中隊長 中隊附	
聯隊本部			
聯隊長　大佐　飛松寬吾			
副官　大尉　宮岡誠		北村代	中隊附 時勢重美
聯隊附　大尉　宮岡誠		高野康	金子喜助
中隊附　少尉		高橋仙助	
少佐　秋山豊平	少佐久米四郎	齋藤忠吉	
大尉　岡田狀吉		蕫本慶次郎	加藤捨一　金川乙吉
大尉　岡本虎彥		水山四郎	栗原慶太郎
大尉　福山也		高橋坦助	
中尉　木本清		四中茂美	
大尉　比良山重成		遠各宗靖	石舍隆吉
重量武　石准清		小山田正郎	
里量尾忠和賀		内藤善一郎	鎌田代治郎
葉里尾忠和賀	大尉新納巖	堀九武人	吳澤智之助
	大尉病田癒走日彥	成日長亮	濱松木七三郎

（下段表）野砲兵第十九聯隊豫備兵同相當官進退職員表　明治四十年十二月二日調

外務大臣小村壽太郎致陸軍大臣寺內正毅函
（1910.11.11）

日本外務省外交史料館藏

送第三五七號　明治四十三年十一月十一日

小村大臣致寺內陸軍大臣

振武學堂清國畢業生進入聯隊之件

　　振武學校畢業之清國留學生趙連科等六十二名，皆
屬品行端正、志操堅定者，希望本年十二月能進入各聯
隊，並以附件附上彼等所列的志願兵科表。以往振武學
校畢業生進入各聯隊者之中，也有入工兵科者，這回希
望進入工兵科的也有三、四名。懇請貴省〔日本陸軍
省〕能出面要求振武學校學生監從上述學生中選拔希望
進入工兵科的數名。鑒於清國駐本邦公使有此請託，敬
請協助，並盼早日覆函為荷。

　　附上受第二五三〇八號附屬文件副本。

陸軍大臣寺內正毅復外務大臣小村壽太郎函
（1910.11.28）

日本外務省外交史料館藏

陸普第四七〇三號　受第 26704 號

明治四十三年十一月二十八日

陸軍大臣子爵寺內正毅致外務大臣伯爵小村壽太郎閣下
清國陸軍學生教育之件的回答

　　關於送第三五七號清國陸軍學生趙連科等六十二
名，欲受帝國陸軍教育之事，今已許可，並請回覆清國
公使，請其令各學生於十二月五日上午九時，至附件所
示之各指定的隊伍報到。

　　又前述學生中，已照清國公使的要求，由振武學校
校長選拔三名進入工兵隊一事，亦請一併通知清國公使。

外務大臣小村壽太郎致清廷駐日公使函
（1910.11.30）

日本外務省外交史料館藏

送第一一六號　明治四十年十一月三十日

小村大臣致清國駐本邦公使
振武學堂清國畢業生進入聯隊之件

　　謹以書翰奉覆，關於貴國振武學校畢業學生趙連科
等六十二名進入聯隊之件，按貴國以清曆十月九日所附
的第二十五號函所示內文大要，已移文給陸軍省。鑒於
該省業已核示，請上述學生於十二月五日上午九時至各
指定的隊伍報到。又前述貴函中關於希望進入工兵科一
事，亦已由振武學校學生監選拔三名送入工兵科，在此
一併覆聞。本大臣在此鄭重向閣下致意。

　　附上受第二六七〇四號兩部附屬文件中的一部。

陸軍大臣石本新六致外務大臣內田康哉函
（1911.11.08）

陸普第 3797 號　明治四十四年十一月八日

陸軍大臣男爵石本新六致外務大臣子爵內田康哉閣下

關於清國陸軍學生退學及退隊的通牒

　　因受其本國局勢的影響，目前於我陸軍接受教育的清國將校學生中，共有二十六名在砲兵工學校、士官學校、經理學校及野戰砲兵第十九聯隊就讀者脫逃回國。鑒於目前還留在士官學校的學生也假托各種藉口期盼回國，勉強其留校，也很難確保不會群起跟隨前者一同行動。對要求軍紀嚴明的我國陸軍而言，最忌諱有這種類似情況。雖然他們是清國人，但現在既然在我陸軍管轄內，就不可輕易忽略。故命令士官學校的清國學生全部退學，並對前述脫逃者予以退學或除隊的處分。又本年度有關專科學生要進入砲工學校、戶山學校及騎兵學校就讀者，前已獲第一九四號通知。但因前述因素擬難再准入學就讀，請將此旨回示清國公使。

　　　　陸軍砲工學校學生　　　史久光
　　　　　　　　　　　　　　　曾繼梧
　　　　陸軍經理學校學生　　　楊鴻昌
　　　　野砲兵第十九聯隊在隊生　張　群
　　　　　　　　　　　　　　　蔣志清
　　　　　　　　　　　　　　　陳星樞

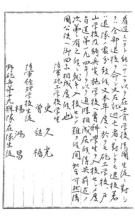

外務大臣內田康哉致清廷駐日公使函（1911.11.11）

日本外務省外交史料館藏

送第七八號　明治四十四年十一月十一日

內田大臣致清國駐本邦公使

關於清國陸軍學生退學及除隊之件

　　依陸軍省通報，貴國二十六名現今正在本邦陸軍砲工學校、士官學校、經理學校及野砲兵第十九聯隊修業的學生，以回國為由脫逃。此外，目前還留在士官學校的學生也假托各種藉口期盼回國。勉強其留校，也很難確保不會有上述的狀況。為維持軍紀，遂令貴國正在士官學校就讀的學生全部退學，並對前述脫逃者予以退學或除隊的處分。又清曆七月十五日，貴國以附第四十三號函，要求貴國本年度在本邦留學的陸軍專科學生陳乾等八名，能進入砲工學校、戶山學校及騎兵學校就讀一件，因前述理由，很遺憾此際很難答應貴國的要求。謹此奉聞，本大臣也在此鄭重向閣下表達敬意。

　　　　　記

陸軍砲工學校學生　　　史久光

　　　　　　　　　　　曾繼梧

陸軍經理學校學生　　　楊鴻昌

野砲兵第十九聯隊在隊生　張　群

　　　　　　　　　　　蔣志清

　　　　　　　　　　　陳星樞

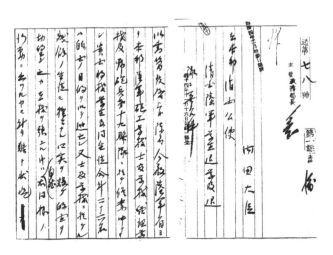

陳星樞

蔣志清

張群

野砲兵第十九聯隊工兵隊上任

楊鴻昌

陸軍砲兵第幾聯隊上任

曾繼悟

民國史料 67

緣起日本：
蔣介石的青年時代（二）

Japanese Influence: The Young Chiang Kai-Shek
- Section II

主　　編　黃自進、蘇聖雄
總 編 輯　陳新林、呂芳上
執行編輯　林育薇
助理編輯　曾譯緒、李承恩
封面設計　溫心忻
排　　版　溫心忻

出　　版　🛡開源書局出版有限公司

　　　　　香港金鐘夏慤道 18 號海富中心
　　　　　1 座 26 樓 06 室
　　　　　TEL：+852-35860995

　　　🌼 民國歷史文化學社 有限公司

　　　　　10646 台北市大安區羅斯福路三段
　　　　　　　37 號 7 樓之 1
　　　　　TEL：+886-2-2369-6912
　　　　　FAX：+886-2-2369-6990

初版一刷　2022 年 5 月 31 日
定　　價　新台幣 350 元
　　　　　港　幣　95 元
　　　　　美　元　13 元
I S B N　978-626-7157-05-3
印　　刷　長達印刷有限公司
　　　　　台北市西園路二段 50 巷 4 弄 21 號
　　　　　TEL：+886-2-2304-0488

http://www.rchcs.com.tw

國家圖書館出版品預行編目 (CIP) 資料
緣起日本：蔣介石的青年時代 = Japanese
influence：the young Chiang Kai-Shek/ 黃自進，
蘇聖雄主編 . -- 初版 . -- 臺北市：民國歷史文化
學社有限公司 , 2022.05

　　冊；　公分 . -- (民國史料 ; 66-68)

ISBN 978-626-7157-04-6　(第 1 冊：平裝). --
ISBN 978-626-7157-05-3　(第 2 冊：平裝). --
ISBN 978-626-7157-06-0　(第 3 冊：平裝)

1.CST: 蔣中正　2.CST: 傳記　3.CST: 史料

005.32　　　　　　　　　　　111007206